Anonyme

Les joies du pardon

Petites histoires contemporaines pour la
consolation des cœurs chrétiens

OMNIA VERITAS

Publié par Omnia Veritas Ltd

$\mathcal{O}$MNIA VERITAS

www.omnia-veritas.com

AVANT-PROPOS..9

LE CAPITAINE DE NAVIRE ET LE MOUSSE 11

UNE NUIT DANS LE DÉSERT. 16

LES DEUX FRÈRES 24

UN JEU OÙ L'ON GAGNE LE CIEL...27

LA VENGEANCE D'UN ÉTUDIANT CHRÉTIEN 33

UN PÈRE CONVERTI PAR SON ENFANT...40

UN CADEAU INATTENDU..44

LES TROIS ACTES D'UN DRAME CONTEMPORAIN 49

LE REMÈDE EST DUR, MAIS IL EST BON !... 58

LE BANC DE FAMILLE 60

LA LETTRE D'UNE MÈRE 64

UNE PREMIÈRE COMMUNION À QUATRE-VINGTS ANS...............67

LA SOUPAPE 70

UNE MÉPRISE QUI PORTE BONHEUR 74

HÉROÏSME D'UN JEUNE NÉOPHYTE 79

LES DEUX AMIS..88

TEL EST PRIS QUI CROYAIT PRENDRE 95

COMMENT ON OBTIENT UN MIRACLE..100

LE MARQUIS D'OUTREMER 103

LA PLUS GRANDE VICTOIRE D'UN VIEUX GÉNÉRAL................108

LE BOUFFON ET SON MAITRE 111

UN ÉPISODE DE LA RÉVOLUTION 113

LE ZÈLE RÉCOMPENSÉ 119

SAGESSE ET FOLIE..122

LE TERRIBLE ARTICLE 125

5

LE TROTTOIR 127

UN FILS QUI TOMBE DANS LES BRAS DE SON PÈRE 140

LE ROSIER DU MOIS DE MARIE 145

LA STATUETTE DE SAINT ANTOINE 148

LE CHEMIN DU CŒUR 152

LE NOUVEL AUGUSTIN 156

VAINCU PAR L'EXEMPLE 159

LA FILLE DU FRANC-MAÇON 161

UN VOYAGE DE CENT LIEUES EN AUSTRALIE 164

RIEN N'EST IMPOSSIBLE À DIEU 166

L'AMOUR MATERNEL.. 171

UN PÉCHEUR MORIBOND ASSISTÉ PAR UN PRÊTRE MOURANT
.... 174

DEUX FOIS SAUVÉ ! 178

DIEU A SES ÉLUS PARTOUT 184

LA ROSE BÉNITE 189

UN SOUVENIR DU BAGNE 192

CE QUE LE ZÈLE PEUT INSPIRER À UN ENFANT 196

UNE CONQUÊTE DU SACRÉ-CŒUR 198

PUISSANCE DU CHAPELET... 202

LA CROIX D'ARGENT... 206

UN COUP DE FILET DE LA SAINTE VIERGE 209

UNE CONVERSION EN MER.. 210

LA MORT D'UN SEPTEMBRISEUR 213

RENCONTRE PROVIDENTIELLE 218

LE BON FILS CONSOLÉ... 222

COMMENT ON RETROUVE LE BONHEUR 225

LE SOUVENIR DE LA PREMIÈRE COMMUNION 228

L'ORPHELINE ET LE VÉTÉRAN 232

AVANT-PROPOS

près les joies de l'innocence, il n'en est pas de plus douces, de plus pénétrantes que celles du repentir. Demandez à l'enfant coupable ce qu'il éprouve lorsque, reconnaissant son ingratitude, il vient se jeter en pleurant dans les bras de sa mère : c'est un soulagement inexprimable, une ivresse de bonheur... Ce bonheur n'est rien pourtant auprès de celui du pauvre pécheur qui, fatigué de ses longs égarements, renonce à sa vie mauvaise et vient se reposer dans le sein de Dieu. Aussi, n'existe-t-il pas non plus d'histoire plus attachante que celle des conversions. Plusieurs surtout, accomplies presque de nos jours, ont été entourées de circonstances si extraordinaires et présentent un si poignant intérêt qu'on ne peut en lire le récit sans être attendri jusqu'au fond de l'âme. Pages naïves et sublimes, tout imprégnées de larmes et d'amour, elles réveillent les sentiments les plus délicats, les plus exquis ; rien ne ressemble davantage à un roman, et toutefois, on sent à merveille que rien n'est plus véridique. C'est, dirons-nous, un roman divin : les péripéties multipliées, les scènes émouvantes ont la terre pour théâtre, mais le dénouement n'a lieu qu'au ciel. Tels sont les exemples que nous allons rapporter dans ce Recueil : il faudrait pouvoir les mettre sous les yeux de tous les chrétiens, pour le profit qu'ils en retireraient et le charme que leur ferait goûter cette lecture. — Nous n'avons eu garde de reproduire ici les traits que l'on rencontre dans les Annales de Notre-Dame de Lourdes, de Notre-Dame du Sacré-Cœur, et dans les Recueils analogues ; on ne trouvera non plus aucune des Biographies contenues dans les Conversions les plus mémorables du XIXe siècle.

Nos récits ont un caractère plus intime et tout à la fois plus anecdotique : et c'est là justement ce qui en augmente l'intérêt. Offert à toutes les âmes chrétiennes, cet ouvrage s'adresse d'une manière spéciale aux jeunes gens. Personne n'a, autant qu'eux, besoin de ces manifestations éclatantes de la miséricorde divine, si propres à inspirer une confiance inébranlable. Qui connaît les épreuves réservées à leur foi au sortir du collège ? Où est-il d'ailleurs le jeune homme qui dans les longues années d'une lutte incessante contre le respect humain et les plaisirs mauvais, n'a jamais eu un instant de faiblesse ? Ah ! puissent nos lecteurs se souvenir, en ces moments critiques, des modestes pages qu'ils vont lire aujourd'hui ! Elles leur rappelleront qu'après même les plus lourdes chutes, le cœur de Dieu reste toujours ouvert pour les recevoir et que le plus grand malheur à craindre, la plus funeste de toutes les fautes, c'est le découragement.

LE CAPITAINE DE NAVIRE ET LE MOUSSE

U n capitaine de navire, qui s'était fait craindre et haïr de ses matelots par ses imprécations continuelles et sa tyrannie, tomba tout à coup dangereusement malade, au milieu d'un voyage de long cours. Le pilote prit le commandement du vaisseau, et les matelots déclarèrent qu'ils laisseraient périr sans secours leur capitaine, qui se trouvait dans sa chambre, en proie à de cruelles douleurs. Il avait déjà passé à peu près une semaine dans cet état, sans que personne se fût inquiété de lui, lorsqu'un jeune mousse, touché de ses souffrances, résolut d'entrer dans sa chambre et de lui parler ; malgré l'opposition du reste de l'équipage, il descendit l'escalier, ouvrit la porte et lui demanda comment il se portait ; mais le capitaine lui répondit avec impatience : « Qu'est-ce-que cela te fait ! Va-t'en ! » Le mousse, repoussé de la sorte, remonta sur le tillac. Mais le lendemain il fit une nouvelle tentative : « Capitaine, dit-il, j'espère que vous êtes mieux ? — O Robert ! répondit alors celui-ci, j'ai été très mal toute la nuit. » Le jeune garçon, encouragé par cette réponse, s'approcha du lit en disant : « Capitaine, laissez-moi vous laver les mains et le visage, cela vous rafraîchira. » Le capitaine l'ayant permis, l'enfant demanda ensuite la permission de le raser. Le capitaine y ayant encore consenti, le mousse s'enhardit, et offrit à son maître de lui faire du thé. L'offre toucha cet homme farouche, son cœur en fut ému, une larme coula sur son visage, et il laissa échapper ces mots en soupirant : « O amour du prochain ! Que tu es aimable au moment de la détresse ! qu'il est doux de te rencontrer même dans un enfant ! » Le capitaine éprouva quelque soulagement par les soins de cet enfant.

Mais sa faiblesse devint plus grande, et il fut bientôt convaincu qu'il ne vivrait plus que quelques semaines. Son esprit fut assiégé de frayeurs toujours croissantes, à mesure que la mort et l'éternité se montrèrent plus près. Il était aussi ignorant qu'il avait été impie. Sa jeunesse s'était passée parmi la plus mauvaise classe de marins ; non seulement il disait : Il n'y a point de Dieu, mais il agissait aussi d'après ce principe. Épouvanté à la pensée de la mort, ne connaissant pas le chemin qui conduit au bonheur éternel, et convaincu de ses péchés par la voix terrible de sa conscience, il s'écria un matin, au moment où Robert ouvrait la porte de sa chambre, et lui demandait amicalement : « Maître, comment vous portez-vous ce matin ? — Ah ! Robert, je me sens très mal, mon corps va toujours plus mal ; mais je m'inquiéterais bien moins de cela, si mon âme était tranquille. Ô Robert ! que dois-je faire ? Quel grand pécheur j'ai été ! que deviendrai-je ?... » Son cœur de pierre était attendri. Il se lamentait devant l'enfant, qui faisait tout son possible pour le consoler, mais en vain. Un jour que l'enfant venait d'entrer dans la chambre, le capitaine s'écria : « Robert, sais-tu prier ? — Non, maître, je n'ai jamais su que l'oraison dominicale, que ma mère m'a apprise. — Oh ! prie pour moi, tombe à genoux, et demande grâce. Fais cela, Robert, Dieu te bénira. » Et tous deux commencèrent à pleurer. L'enfant, ému de compassion, tomba à genoux et s'écria en sanglotant : « Mon Dieu, ayez pitié de mon cher capitaine mourant ! je suis un pauvre petit matelot ignorant. Mon Dieu, le capitaine dit que je dois prier pour lui, mais je ne sais pas comment ; oh ! que je regrette qu'il n'y ait pas sur le bâtiment un prêtre qui puisse me l'apprendre, qui puisse prier mieux que moi, qui puisse recevoir la confession de ses péchés et les pardonner en votre nom.

Il croit qu'il sera perdu : mon Dieu, sauvez-le ! Il dit qu'il ira en enfer, et qu'il sera avec les démons : ô mon Dieu, faites qu'il aille au ciel, et qu'il soit avec les anges ! Les matelots ne veulent pas venir vers lui ; quant à moi, je veux faire pour lui tout ce que je pourrai ; mais je ne puis le sauver. Ô mon Dieu ! ayez pitié de mon pauvre capitaine ! Je n'ai jamais prié ainsi auparavant. Oh ! aidez-moi, mon Dieu, à prier pour mon pauvre capitaine ! » Alors, s'étant relevé, il s'approcha du capitaine en lui disant : « J'ai prié aussi bien que j'ai pu ; maintenant, maître, prenez courage. J'espère que Dieu aura pitié de vous. » Le capitaine était si ému qu'il ne pouvait s'exprimer. La simplicité, la sincérité et la bonne foi de la prière de l'enfant avaient fait une telle impression sur lui, qu'il demeura dans un profond attendrissement, baignant son lit de pleurs. Le lendemain matin, quand Robert entra dans la chambre du capitaine : « Robert, mon bon ami, lui dit celui-ci, après que tu fus parti, je tombai dans une douce méditation. Il me semblait voir Jésus-Christ sur la croix, mourant pour nos offenses, afin de nous amener à Dieu. Je m'élevai par mes prières à ce divin Sauveur, et, dans la grande angoisse de mon âme, je m'écriai longtemps comme l'aveugle : Jésus, fils de David, ayez pitié de moi ! Enfin je crus sentir en mon cœur que les promesses de pardon qu'il a adressées à tant de pécheurs, m'étaient aussi adressées ; je ne pouvais proférer d'autres paroles que celle-ci : Ô amour ! ô miséricorde ! Non, Robert, ce n'est pas une illusion : maintenant je sais que Jésus-Christ est mort pour moi. Je sens que le sang de la croix peut aussi laver mes iniquités ; mes yeux s'ouvrent à la lumière d'en haut en même temps qu'ils se ferment pour la terre ; la grâce de mon baptême, la foi de ma première communion, rentrent dans mon cœur ; que ne puis-je recevoir ces sacrements que l'Église accorde aux mourants pour leur passage à l'éternité, vers laquelle Dieu m'appelle ! »

L'enfant, qui jusque-là avait versé bien des larmes en silence, fut saisi dans ce moment d'une grande tristesse, et s'écria Involontairement : « Non, non, mon cher maître, ne m'abandonnez pas. — Robert, lui répondit-il tranquillement, résigne-toi, mon cher enfant : je suis peiné de te laisser parmi des gens aussi dépravés que le sont ordinairement les matelots. Oh ! puisses-tu être préservé des péchés dans lesquels je suis tombé ! Ta charité pour moi, mon cher enfant, a été grande ; Dieu t'en récompensera. Je te dois tout ; tu as été dans la main de Dieu l'instrument de ma conversion ; c'est le Seigneur qui t'a envoyé vers moi ; Dieu te bénisse, mon cher enfant ! Dis à mes matelots qu'ils me pardonnent, je leur pardonne aussi, et je prie pour eux. » Le lendemain, plein du désir de revoir son maître, Robert se leva à la pointe du jour ; et ayant ouvert la porte, il vit que le capitaine s'était levé et s'était traîné au pied de son lit. Il était à genoux, et semblait prier, appuyé, les mains jointes, contre la paroi du navire. L'enfant attendit quelque temps en silence ; mais enfin il dit doucement : Maître ! — Point de réponse. — Capitaine ! s'écrie-t-il de nouveau. Mais toujours même silence. Il met la main sur son épaule et le pousse doucement : alors le corps change de position et se penche peu à peu sur le lit ; son âme l'avait quitté depuis quelques heures, pour aller voir un monde meilleur, où la grâce d'un sincère repentir accordée à la prière permet d'espérer que Dieu dans sa miséricorde a daigné le recevoir.

UNE NUIT DANS LE DÉSERT.

C'est du missionnaire lui-même, rapporte le marquis de Ségur, que je tiens l'histoire suivante, où l'action de la Providence se montre en assez belle lumière. Il nous la raconta devant un nombreux auditoire d'hommes, particulièrement de jeunes gens, qui l'écoutaient avec une si religieuse attention, que pendant les pauses de son discours, on aurait entendu voler une mouche. Par humilité, il parlait à la troisième personne comme s'il se fût agi d'un autre. Mais je devinai bien vite, à son accent, que c'était son histoire à lui-même qu'il nous disait, et quand je me trouvai seul avec lui après la séance, je l'obligeai de m'en faire l'aveu. Si je pouvais faire passer dans mon récit les flammes de sa parole, telles qu'elles sortaient de sa bouche et de son cœur, elles allumeraient dans les âmes cet amour surnaturel de Dieu et des hommes, qui résume et renferme la loi et les prophètes. C'était l'heure qui précède le coucher du soleil. L'ombre du missionnaire et de son cheval s'allongeait sur le sable endormi. L'horizon s'empourprait comme aux lueurs d'un immense incendie. La chaleur était étouffante. Parfois, à de longs intervalles, une brise légère venue on ne sait d'où, passait comme une caresse de Dieu et apportait au voyageur une sensation délicieuse : alors, il ouvrait la bouche et aspirait longuement l'air un moment rafraîchi. Puis le souffle tombait vaincu par le feu qui règne au désert, et l'immobilité ardente reprenait possession de l'étendue. Le missionnaire avançait, pressant l'allure de son cheval, pour arriver avant la nuit à la grande ville, terme de son voyage. Car la nuit, dans ces plaines d'Afrique, appartient aux fauves. Quand les premières ombres descendent du ciel, les premiers bruits des lions et des panthères montent de tous les points du désert, d'abord confus et lointains, comme le gémissement du vent, puis plus forts, plus distincts, semblables tantôt au grondement sourd du tonnerre, tantôt à ses éclats rudes et déchirés.

Ce moment redouté approchait, mais il n'était pas encore imminent, et le prêtre de Jésus-Christ avait bien une heure devant lui, une heure de jour et de marche tranquille, suffisante pour atteindre le port. Il était armé, il avait des provisions de bouche, un flacon de rhum, pour ranimer ses forces et tremper ses lèvres brûlantes. Il priait, il pensait, cherchant à lutter contre la sensation étouffante de la solitude, contre l'oppression de l'espace sans limites où sa vue, son cœur et son esprit se perdaient. Il avait beau percer de ses regards l'étendue, il n'apercevait pas un être vivant, pas un mouvement, pas même celui du sable agité par le vent : le vent dormait sur le sable, d'un sommeil qui semblait éternel. Oh ! si la bonté de Dieu mettait sur son chemin une de ses créatures, un être humain, un frère, quelle joie inonderait son cœur ! comme il volerait à lui ! Avec quels transports il lui tendrait la main, et le presserait dans ses bras ! Mais hélas ! il ne le savait que trop, une rencontre en ces lieux, ce ne serait qu'un danger de plus : quand on trouve sur sa route un homme au désert, au lieu d'un frère à embrasser, c'est un ennemi à combattre ; c'est un de ces arabes pillards ou de ces Européens déclassés, bandits de la solitude, détrousseurs de caravanes, qu'il faut aborder, non pas le salut aux lèvres, mais le revolver à la main. Il se perdait en ces pensées, et bercé par l'allure monotone de son cheval, il laissait flotter à l'aventure son esprit et ses guides, quand tout à coup il se redresse sur ses étriers, et d'un mouvement instinctif, arrête sa monture. Qu'a-t-il donc aperçu à l'horizon ? Est-ce une illusion de ses sens ? N'y a-t-il pas là-bas, bien loin, quelque chose qui se remue ? — Certainement, il ne se trompe pas : le point noir qui a frappé sa vue s'agite, se rapproche, grossit insensiblement.

C'est un être vivant, un animal ou un homme. — Un homme, c'est un homme ! Il le voit maintenant, il distingue vaguement sa forme ; cet homme l'a vu, lui aussi ; il est évident qu'il s'avance dans sa direction... Que faire ! Quel parti prendre ? Faut-il pousser son cheval au galop et se mettre hors de la portée de cet inconnu ? C'est le parti le plus sûr, mais est-ce le plus honorable ? Si, au lieu d'être un voleur arabe, cet homme était un chrétien, un français ? Et quand même il serait un coureur du désert, un bandit, est-ce le fait d'un missionnaire, d'un apôtre de Jésus-Christ, de fuir devant une créature humaine, devant un de ceux pour qui le Sauveur du monde est mort sur la croix ? L'hésitation du prêtre n'est pas longue. Il attendra le frère qui vient au-devant de lui, que ce soit Caïn ou Abel. L'hôte du désert se rapproche de minute en minute, il semble à la fois se hâter d'accourir et lutter contre la fatigue. Le voilà à une petite distance, on dirait un spectre ambulant. Il est déguenillé ; sa main tient un fusil ; ses yeux sont allumés de fièvre, de haine et de convoitise. C'est indubitablement un brigand, mais un brigand européen : c'est en tout cas, un malheureux dévoré de besoin. Le prêtre n'hésite plus : il risque peut-être sa vie, mais il a la chance de secourir un misérable, de sauver une âme. Après tout, c'est son métier de s'exposer à la mort : le corps d'un missionnaire n'est rien ; l'âme d'un pécheur est d'un prix infini. Il descend de cheval, jette ses armes à terre pour montrer à l'inconnu ses dispositions pacifiques, et d'un pas tranquille et ferme, va au-devant de lui. L'autre étonné, épuisé, s'arrête ; la surprise est plus forte que la haine ; mais la faim, la soif dévorante, voilà ce qui domine tout le reste.

Le prêtre le devine, et, sans parler, lui présente ses provisions, des fruits, des dattes, du rhum. — Du rhum ! C'est la force, c'est la vie ! Pour cette gourde de rhum, le malheureux aurait tué son père ! Il étend la main, saisit la gourde, la porte à sa bouche, la boit, l'aspire à longs traits. Son visage se ranime, son sang circule, sa pâleur mortelle fait place à une vive rougeur. Tout à coup, il chancelle ; il a bu trop et trop vite, il tombe tout de son long et demeure sur le sol, inerte, engourdi, comme mort. Le missionnaire, effrayé, se penche vers lui, tâte son pouls, écoute les battements de son cœur, et respire ; ce n'est pas la mort, c'est le sommeil bienfaisant et réparateur. Il le considère longuement ; à sa carnation, à la couleur de sa barbe et de ses cheveux, il reconnaît un Français. Malgré les traces des passions et de la fatigue, il croit lire sur ce visage dévasté les vestiges d'une bonne race, et son âme d'apôtre se remplit de reconnaissance et de joie.

Soudain, il tressaille comme s'il sortait d'un rêve. Le soleil va disparaître, et son orbe agrandi et rutilant est déjà à demi caché. Encore quelques minutes et la nuit aura remplacé le jour. Que faire de cet infortuné que la Providence a envoyé sur sa route et dans ses bras ? Le charger sur son cheval ? C'est impossible ; il connaît le poids d'un corps qui s'abandonne. Le laisser là, seul, la nuit, dans le désert, exposé aux dents des bêtes féroces, à une mort sans consolations ? C'est plus impossible encore. Il n'y a pas à hésiter ; il attendra le réveil du pécheur, sous la garde de Dieu qui ne laissera pas inachevée l'œuvre de sa miséricorde. Il s'agenouille sur le sable, près de cet homme qu'il ne connaissait pas une heure avant, et pour lequel il sacrifierait sa vie avec joie.

Il soulève doucement dans ses mains la tête du dormeur, la pose sur ses genoux, et il entre en prières. La nuit est arrivée, profonde, solennelle, ivre de silence et de solitude. Deux heures se passent ainsi, sans qu'aucun des deux hommes ait fait un mouvement. Les étoiles se sont allumées les unes après les autres et répandent sur l'océan de sable une lueur mystérieuse et sacrée. Les anges contemplent du haut du ciel ce spectacle plus beau que celui d'un ami veillant sur son ami, d'une mère veillant sur son enfant, le spectacle d'Abel veillant avec amour sur Caïn : tel, au temps du séjour du Fils de Dieu sur la terre, Jésus priait dans les plaines de Galilée auprès de Judas endormi. Enfin, l'homme se réveille. Il relève la tête, ouvre les yeux et rencontre ceux de ce prêtre à genoux qui le regarde avec une ineffable tendresse. Alors il se souvient, il devine, il comprend tout ; il se met à trembler des pieds à la tête, comme ces possédés d'Israël au moment où le démon sortait de leur corps et de leur âme à la voix de Jésus-

Christ. La haine est vaincue, Satan s'enfuit de cette âme pour n'y plus rentrer. Le bienheureux larron pleure, il éclate en sanglots, et, sans prononcer une parole, il se laisse tomber dans Tes bras du missionnaire, qui le presse sur son cœur en lui disant : Mon frère ! Quand il eut mangé, le prêtre le fit monter sur son cheval et marcha près de lui, priant toujours et ne lui disant rien, pour le laisser tout entier à la grâce divine qui parlait au fond de son âme. Ils arrivèrent à la ville sans rencontre fâcheuse. Le missionnaire fit coucher le prisonnier de sa charité dans son lit, et dormit près de lui sur quelques coussins.

« Demain, lui dit-il, vous me direz tout ce que vous voudrez. Aujourd'hui, je ne veux rien entendre. » Le lendemain, l'homme lui raconta son histoire, prélude de sa confession : histoire terrible, commencée par une jeunesse sans corrections et sans travail, poursuivie dans le vice, dans le crime, et qui, par un prodige de la miséricorde divine, s'achevait dans les larmes du repentir. Sa mère, brave paysanne, restée veuve de bonne heure, l'avait impitoyablement gâté pour épargner quelques pleurs à son enfance. Il avait été à l'école, parce qu'il l'avait bien voulu ; s'y était instruit, parce qu'il avait l'esprit vif et ouvert ; puis s'était livré à la paresse, au plaisir, bientôt au vice. À dix-huit ans, c'était déjà un mauvais sujet accompli. Il s'engagea par ennui, pour connaître la vie de la caserne, et courir les garnisons. Puis, le joug de la discipline gâtant ses plaisirs, il demanda une permission, revint au village, en déguerpit un matin avant le jour, sans embrasser sa mère, mais non sans l'avoir dévalisée, et ne reparut plus au régiment. Il passa aux États-Unis, y gagna une petite fortune qu'il dépensa en folles orgies. Alors, dans un accès de raison, peut-être de remords, il quitta l'Amérique pour l'Algérie, se remit à l'œuvre, et mena pendant quelque temps une conduite régulière et laborieuse. Il commençait à se refaire de corps, d'âme et de bourse, quand le démon envoya sur son chemin un de ses anciens compagnons de débauche, déserteur comme lui, qui le reconnut, chercha à l'entraîner de nouveau dans le vice, et n'y pouvant réussir, révéla son passé et le perdit de réputation. Sa tête ne put résister à ce dernier coup.

« Puisque je ne puis être un honnête homme, se dit-il, je serai un franc scélérat. » Et il fit comme il avait dit. Il quitta la grande ville où toutes les portes se fermaient devant lui, s'enfuit au désert, et demanda à la rapine et au meurtre des moyens d'existence. Bientôt il se trouva à la tête d'une bande d'arabes, qui détroussaient les passants, les pèlerins de la Mecque, et vivaient comme lui de brigandage. Mais, par un reste de pudeur, il ne s'attaquait qu'aux musulmans et évitait de verser le sang des européens. Ses compagnons s'en aperçurent, et se révoltant contre lui, ils le menacèrent d'abandon, même de mort, s'il continuait à épargner les chrétiens. Il résista d'abord, puis, avec sa faiblesse et son emportement habituels : « Eh bien ! s'écria-t-il, puisqu'il faut aller jusqu'au bout, j'irai aussi bien et plus loin que vous. Une caravane vint à passer ; elle comptait des européens et des musulmans. Il l'attaqua furieusement à la tête de ses hommes, frappa à tort et à travers sur tout ce qui lui tombait sous la main. Parmi les victimes se trouvait un français. L'aspect de ce compatriote, peut-être assassiné par lui, le fit soudainement rentrer en lui-même. « Je suis un misérable. » se dit-il. Et laissant là ses compagnons occupés à dépouiller les cadavres, fou de remords, épouvanté de son ignominie, il s'élança comme un insensé et se perdit bientôt dans l'immensité du désert. Quand le missionnaire le rencontra, il y avait trois jours qu'il errait à l'aventure, maudit et désespéré comme Caïn, ne mangeant pas, ne buvant pas, ne sachant ce qu'il faisait, ni ce qu'il voulait. Il était à bout de forces, quand il aperçut le voyageur qui passait au loin sur son cheval.

Poussé par un transport infernal, il essaya de le rejoindre, non pour le voler, mais pour l'assassiner : « J'en tuerai encore un, se dit-il, et je me tuerai après ». Au lieu de la mort, c'est la vie qui l'attendait, et c'est dans les bras de la miséricorde qu'il tomba. Tel fut le récit du criminel repentant : le missionnaire, le serrant plus tendrement encore sur son cœur, se contenta de lui dire : « Maintenant que je sais votre histoire, votre confession sera courte et facile. Agenouillez-vous devant Dieu, mon fils, et en son nom je vous pardonnerai tous les péchés, tous les crimes de votre vie entière. » Le pécheur se confessa avec des torrents de larmes, et tandis que le prêtre prononçait sur son front courbé jusqu'à terre les paroles sacrées de l'absolution, il lui sembla que son passé s'engloutissait dans l'abîme de la miséricorde divine et qu'une vie nouvelle s'ouvrait devant lui. Ce que fut cette vie, je l'ignore. Le missionnaire ne nous l'a pas dit. Mais qu'elle soit achevée ou qu'elle dure encore, qu'elle se poursuive dans un labeur honnête ou dans les austérités d'un cloître, il n'est pas douteux qu'elle fut ou qu'elle sera jusqu'au bout une vie de repentir, d'action de grâces et d'amour pénitent. »

LES DEUX FRÈRES

Deux frères entrèrent en même temps dans un collège de France ; ils se ressemblaient si parfaitement quant à la taille et aux traits du visage, qu'il fallait les avoir vus souvent pour les distinguer l'un de l'autre : mais ils étaient bien différents de caractère : l'aîné n'avait presque aucun sentiment de religion ; le cadet était d'une piété angélique. On ne saurait imaginer tous les moyens que sa charité lui suggéra pour gagner son frère. C'était peu pour lui de lui accorder ce qu'il demandait ; il allait au-devant de tout ce qui pouvait lui être agréable ; il se privait, en sa faveur, de tout l'argent qu'on lui accordait pour ses menus plaisirs. On leur donna à tous deux un costume neuf de très grand prix ; l'aîné, en peu de temps, mit le sien en mauvais état ; celui du cadet était encore très propre. Ne sachant plus quel présent faire à son frère, il imagina de lui donner son habit. « Vous êtes mon aîné, lui dit-il, il convient que vous soyez mieux habillé que moi : votre habit est gâté ; si le mien vous fait plaisir, je vous le donnerai, on n'en saura rien chez nous. » L'offre est aussitôt acceptée et l'échange fait. Quelques jours après, le pieux enfant appelle son frère et lui dit qu'il avait quelque chose à lui communiquer. « Auriez-vous encore un habit à me donner ? lui dit celui-ci. — Oui, lui répond l'enfant, et un bien plus précieux que celui que je vous ai donné dernièrement ; allez demain à confesse ; réconciliez-vous avec Dieu, c'est lui-même qui vous en revêtira. — À confesse, répondit l'autre, vraiment j'y vais assez souvent ; si, cependant, il ne faut que cela pour vous contenter, j'irai bien encore demain, mais je ne vous garantis pas que j'en deviendrai meilleur. — Promettez-moi au moins, répliqua le cadet, que vous ferez pendant deux jours quelques efforts pour le devenir. »

L'aîné le lui promit. Le lendemain, ils allèrent tous deux à confesse ; ils avaient le même confesseur. Le cadet se confessa le premier, et se retira devant le Saint-Sacrement, pour demander à Dieu qu'il lui plût de toucher son frère. L'aîné raconta depuis, qu'en entrant au confessionnal, tout ce que son frère avait fait pour lui se présentant à son esprit, il eut honte de lui-même, et ne fut plus maître de retenir ses larmes. Il dit à son confesseur qu'il voulait bien sincèrement se convertir et consoler son frère des chagrins qu'il lui avait causés jusqu'alors. Pendant toute sa confession, il versa un torrent de larmes. Le cadet qui de l'endroit où il était, l'avait entendu éclater en soupirs, était remonté dans son quartier, comblé de joie et bénissant le Seigneur. Un moment après, on vint le demander à la porte ; c'était son frère qui se jeta à ses genoux, et les arrosa de ses larmes, lui demandant pardon de tous les sujets de mécontentement qu'il lui avait donnés et lui promettant de suivre, à l'avenir, aussi bien ses avis que ses exemples. L'enfant, ravi des dispositions de son frère, se jeta à son cou, et lui dit tout ce que sa charité put lui suggérer de plus tendre et de plus affectueux pour l'encourager. Le jeune homme demeura si ferme dans ses bonnes résolutions, qu'en peu de temps, il devint, comme son frère, un modèle de vertu, et ne se démentit jamais.

UN JEU OÙ L'ON GAGNE LE CIEL

D ans une petite ville de France vivait un officier retraité, qui était un excellent chrétien. Personne devant lui ne se serait permis une parole inconvenante ; chacun venait lui demander conseil : l'un le consultait pour l'achat d'une terre ; l'autre, pour l'arrangement d'un procès ; tout le monde, en un mot, l'honorait, le respectait et l'aimait. Lui-même a raconté son histoire, et elle mérite d'occuper une des premières places dans ce recueil, car elle montre d'une manière bien touchante que Dieu se sert des moyens les plus inattendus pour ramener à lui les pécheurs et que sa miséricorde est inépuisable à l'égard des âmes de bonne volonté. « Je ne date pas d'hier, disait plaisamment notre officier, vous vous en apercevez facilement à ma moustache et aux quelques cheveux qui me restent ; mais si je suis vieux et cassé, j'ai été jeune et alerte. J'avais dix-huit ans environ, en 1792, lorsque la grande guerre vint à éclater ; j'étais ardent, j'avais adopté avec enthousiasme toutes les idées du temps. Je criais avec les autres, et de bon cœur : « Vive la fraternité ou la mort ! » Hélas ! ce devait être la mort ou la ruine pour bien du monde. Aussi, dès que j'appris que la France venait de commencer la lutte contre les étrangers, mon parti fut bientôt pris, je m'engageai. « Il faut vous dire, avant d'aller plus loin, que, malgré les efforts de ma pauvre chère mère et de notre curé, je ne croyais guère à Dieu, et encore moins au diable ; je m'amusais tant que je pouvais ; je passais, parmi mes camarades de plaisir, pour un bon garçon. À vous parler franc, j'étais un très mauvais sujet ; mais parmi tous mes défauts, j'en avais un qui me distinguait de tous mes compagnons, je ne pouvais pas prononcer une phrase, souvent même une parole, sans y ajouter un juron.

Et ce n'étaient pas des jurons pour rire, c'étaient d'affreux blasphèmes qui devaient dans le ciel faire voiler les anges et pleurer les saints. « Après ce préambule, nécessaire pour bien faire comprendre la suite de mon histoire, je la reprends, et je tâcherai de l'abréger le plus possible pour ne pas trop vous ennuyer. Me voilà donc engagé à dix-huit ans, menant joyeuse vie et jurant tout le long du jour. Je vous fais grâce de ma vie militaire, elle a ressemblé à celle de beaucoup de mes camarades, qui n'ont pas laissé leurs os sur le champ de bataille ; je fus envoyé à l'armée des Pyrénées, puis à l'armée de Sambre-et-Meuse, puis en Italie, puis en Égypte, puis partout enfin où il y avait des coups à donner et à recevoir. Les années, l'expérience, deux blessures, l'une reçue aux Pyrénées, l'autre, à Austerlitz, l'affreuse retraite de Russie, tout cela avait calmé ma fougue, m'avait rendu plus régulier dans ma conduite, mais n'avait pu me corriger de mon défaut de toujours jurer. Mon avancement même se trouva arrêté par ce vice ; comme je savais lire et qu'on n'avait pas le choix alors parmi les lettrés, je fus rapidement officier ; mais une fois là, mon malheureux défaut me joua bien des tours ; et souvent des généraux, après une affaire où je m'étais bien conduit, n'osaient pas m'avancer, parce qu'ils trouvaient que j'avais trop mauvais ton pour arriver aux hauts grades militaires. Je les traitais bien de sacristains, de calotins, mais, à part moi, je leur donnais raison, et pourtant je ne me corrigeais pas. Enfin, 1815 arriva : je fus licencié avec l'armée de la Loire et je revins dans ma ville natale capitaine et décoré. Après les premières joies de retrouver mes vieux amis, mes vieux camarades d'enfance, après les premières douceurs du repos et de la liberté, à la suite de tant de privations et d'années de discipline, je commençais à trouver le temps long, je fus au café et je mangeai ma demi-solde, comme un égoïste, entre une pipe et un jeu de cartes.

Ma position, mes campagnes, mes récits me faisaient le centre d'un petit groupe de désœuvrés comme moi, et, par suite de mon habitude invétérée, on y entendait plus souvent jurer que bénir le nom de Dieu. « Malgré cela, l'ennui me gagnait, lorsqu'un matin, je vois entrer dans ma chambre le curé de la paroisse. J'étais si loin de m'attendre à pareille visite, que ma pipe s'échappa de mes dents et vint se briser sur le plancher, ce qui me fit pousser le plus gros juron de mon riche répertoire. Le curé ne se troubla pas pour si peu, et, prenant une chaise, que je ne lui offrais pas, il s'assit tranquillement : « Bonjour, M. le capitaine, me dit-il ; puisque vous n'êtes pas venu me voir à votre arrivée dans ma paroisse, il faut bien que je vienne vous chercher. — Je n'aime pas les curés, lui répondis-je, je ne les ai jamais aimés et je suis trop vieux pour changer maintenant. — Eh bien ! capitaine, nous ne sommes pas du même avis, et, avec un brave comme vous, je n'irai pas par quatre chemins, c'est précisément pour vous faire changer que je suis venu vous voir. » À peine le digne prêtre avait-il fini sa phrase, que je me levai comme un furieux, et, en jurant comme un possédé, je le mis littéralement à la porte. « Le lendemain, je me croyais à tout jamais débarrassé de pareille visite, lorsque je vis encore entrer le curé. Ah ! par exemple, c'est trop fort, m'écriai-je, et je me levai pour le repousser de chez moi. Lui, sans se troubler, me dit avec beaucoup de douceur : « Bonjour, capitaine, vous n'étiez pas bien disposé hier, et je suis revenu aujourd'hui pour savoir si vous étiez plus en train de causer. » Malgré mon apparence terrible, je n'étais pas tout à fait mauvais au fond du cœur ; aussi, ce sang-froid me désarma, et adoucissant ma voix, je lui répondis :

« Eh bien ! monsieur le curé, puisque vous avez tant de plaisir à causer avec moi, j'y consens, mais à une condition, c'est que vous ne me parlerez pas de vos momeries, de vos églises et de vos bedeaux. — Soit, reprit le curé ; mais, de votre côté, vous vous engagez à me consacrer chaque jour une heure : votre temps n'est pas compté, et vous ne pouvez me refuser ce plaisir. — Accordé ; et pour répondre à votre politesse par une autre, je vous avouerai que je m'ennuie tant, que ce sera une distraction pour moi de causer avec un homme qui sait parler. » Ma politesse n'était pas très polie, mais le curé eut l'air de la trouver accomplie. « La connaissance ainsi faite devint bien vite intime ; l'heure que j'avais promise au curé me semblait de plus en plus courte, et il m'arrivait souvent de la doubler et de la tripler. Mon vénérable ami jouait au trictrac, et j'aimais moi-même extrêmement ce jeu ; aussi, bientôt chaque soir, au lieu d'aller au café, je prenais le chemin du presbytère, et nous jouions avec un tel acharnement, que la soirée se passait toujours trop rapidement. « Le curé était fidèle à sa promesse ; il ne me parlait jamais de religion : malheureusement, de mon côté, j'étais fidèle à mes mauvaises habitudes, et je prononçais bien peu de phrases sans les assaisonner de quelques grossiers jurons. Un soir où le curé me battait à plates coutures, je m'en donnais à cœur joie, et jamais pareils blasphèmes n'avaient retenti sous l'humble toit de notre pasteur. Il posa son cornet sur la table, et, me regardant bien en face : « Je vous ai fait une promesse, me dit-il, à laquelle je suis fidèle ; voulez-vous m'en faire une à votre tour ? — Laquelle ? — C'est de ne plus jurer. — Mais c'est impossible, voilà plus de cinquante ans que j'ai cette habitude ; elle m'a empêché de faire mon chemin, et vous voulez que j'y renonce : rayez cela de vos papiers ; non pas que je le fasse maintenant par méchanceté, mais c'est devenu une habitude chronique.

— Je ne prétends pas que ce ne vous sera pas difficile, mais croyez-vous qu'il me soit facile de vous voir tous les jours, sans vous parler de religion, à vous, qui en auriez tant besoin pourtant ; la partie n'est pas égale : il me faut une compensation : quand vous jurerez, je vous parlerai de Dieu. — Au fait, vous pouvez avoir raison ; je n'en disconviens pas. — Puisque vous êtes de si bonne composition, je veux vous montrer que malgré ma robe, je ne suis pas si noir que j'en ai l'air : et vous permets, toutes les fois que votre mauvaise habitude de jurer vous pressera, de remplacer vos gras jurons par sapristi. — Je consens au marché, répondis-je. — Et vous, capitaine, ajouta-t-il, n'oubliez pas que, si vous manquez à votre promesse, je manquerai à la mienne. » « Je vis bien vite que j'avais fait un marché de dupe, ou plutôt que le bon curé savait bien ce qu'il faisait en me le proposant. Chaque jour j'oubliais l'innocent sapristi, et je reprenais mon triste répertoire. Aussitôt, le curé me faisait un sermon en trois points, et j'étais bien forcé de l'écouter, puisque c'était dans nos conventions. Vous devinez facilement le reste : à mesure que mon vénérable ami me dévoilait les beautés de la religion, j'y prenais goût ; ce n'était plus une punition, c'était devenu un besoin. Bientôt, je fus tout à fait converti ; mon excellent curé me fit approcher des sacrements ; maintenant je trouve mon bonheur à l'accomplissement de mes devoirs, et il ne me reste de mon ancien état que l'habitude d'assaisonner toutes mes phrases du fameux sapristi, ce qui me fait appeler par tout le monde ici le capitaine Sapristi. Si je raconte volontiers mon histoire, c'est dans l'espérance qu'elle pourra détourner du mal, et de la mauvaise habitude de jurer, quelques personnes aussi coupables que je l'étais alors. [***Cité dans les Petites lectures, bulletin populaire des Conférences de Saint-Vincent-de-Paul.

— Nous n'avons pu vérifier nous-même, on le comprend, l'authenticité des traits que nous avons puisés dans d'autres Recueils ; mais pourquoi la mettre en doute : Il est certain qu'il s'opère fréquemment des conversions tout aussi extraordinaires que celle-là ; le prêtre n'y prend même plus garde dans les pays de foi, tant il est souvent témoin de ces merveilles, et elles restent un secret entre l'homme et Dieu.] »

LA VENGEANCE D'UN ÉTUDIANT CHRÉTIEN

Sous Louis-Philippe, écrit Armand de Pontmartin, l'esprit d'irréligion régnait dans les collèges de Paris. Il y avait pourtant des exceptions... la plus originale et la plus touchante m'était apparue sous les traits de Paul Savenay, natif de Guérande. Doué, ou plutôt armé d'une piété angélique et robuste tout ensemble, il bravait le respect humain, défiait la raillerie, et il aurait mis au besoin tout l'entêtement de sa race pour affronter la persécution et le martyre. Cette piété se révélait jusque sur son visage, qui prenait une expression céleste au moment de la prière. Ainsi, lorsque, sur un signe de notre professeur indolent, je récitais, au début et à la fin de la classe, le Veni Sancte Spiritus et le Sub tuum praesidium, c'était pour presque tous les élèves, le signal d'un concert charivarique d'éternuements, de quintes de toux, de pupitres disloqués, et de dictionnaires tombant à grand bruit. Paul Savenay s'isolait de ce tapage, et l'on pouvait suivre sur sa figure le sourire de la sainte Vierge dont il implorait la protection, et le contact de l'Esprit-Saint qui l'effleurait de ses ailes. Cette piété fervente l'avait fait prendre en grippe par le plus mauvais sujet de la classe, fanfaron d'impiété et de libertinage, liseur et colporteur des livres de Parny et de Voltaire, et pourtant Breton comme Paul ; mais entendons-nous, ce Breton-là, nommé Jacques Faël, était un Breton de contrebande. On disait que son père, Nantais d'origine, avait pris part à quelques-unes des plus sanglantes scènes de la Révolution, s'était enrichi en achetant des terres de Vendéens, puis ruiné dans des spéculations équivoques. Tout irritait Jacques contre Paul Savenay ; un héritage de haine, le retour des Bourbons, l'animosité instinctive du vice contre la vertu, du mal contre le bien, de l'athéisme contre la foi, du diable contre le bon Dieu ; mais ce qui l'exaspérait le plus, c'était la douceur de Paul, sa patience inaltérable que, naturellement, Jacques taxait de lâcheté et d'hypocrisie.

— Tu es donc un lâche ? lui disait-il en lui montrant le poing. — Je ne le crois pas, répondait Paul avec un accent de résignation qui aurait désarmé un tigre. Son persécuteur ne lui laissait pas un moment de trêve, et le harcelait de la façon qui devait le plus cruellement blesser cette âme tendre, chaste, exquise et pieuse. Non content de le traiter de cagot, de Basile, de tartufe et de cafard. Jacques joignait le blasphème à l'insulte, le sacrilège à l'outrage. Il glissait de mauvais livres dans le pupitre de Paul et lui jouait les plus vilains tours. Nous sûmes plus tard que ses brutalités s'étaient parfois envenimées jusqu'aux voies de fait : bourrades, brimades, coups de poing, coups de règle : un jour même, un coup de canif qui fit couler le sang. La plupart des élèves feignaient de ne pas s'apercevoir de ces abominables violences. Quelques-uns avaient l'infamie d'applaudir avec des ricanements stupides. Jacques n'avait pas, en somme, l'air bien féroce ; mais était grand, bien découplé, taillé en athlète. On le redoutait et il avait sa petite cour de complaisants et de flatteurs. Lorsqu'indigné de sa méchanceté et attiré vers Paul Savenay par d'irrésistibles sympathies, je risquais, moi chétif, quelques reproches : « Tais-toi ou je t'assomme ! me disait cet enragé ; tais-toi, mauvaise graine d'émigré ! » J'aurais certainement eu ma part de ses injures et de ses coups, si je n'avais trouvé un admirable défenseur en la personne de Gaston de Raincy. Le martyre de Paul Savenay dura deux ans et pendant ces deux ans, pas une plainte. S'il versait en secret quelques larmes, il ne pleurait pas sur ses souffrances, mais sur les égarements de cette pauvre âme, révoltée contre Dieu. Un matin, me rencontrant à la porte de Saint-Sulpice, et me croyant meilleur que je n'étais, il me dit : « Armand, allons prier pour lui ! » Je lui répondis :

« Paul, tu es un saint... le saint de Guérande, et c'est sous ce nom que je veux désormais te connaître et t'admirer ! » Bientôt, je perdis de vue le persécuteur et sa victime. Jacques Faël, convaincu de colportage du Compère Mathieu et des Chansons de Béranger, fut prié par le proviseur de ne pas revenir après les vacances. Paul Savenay, qui se destinait à la profession de médecin, quitta le collège un an avant moi. » Armand de Pontmartin, à cet endroit, interrompt son récit pour expliquer comment il retrouva quelques années plus tard ce vertueux jeune homme chez Frédéric Ozanam. Ce dernier venait de fonder, avec quelques amis, les Conférences de saint Vincent de Paul et il exposait aux jeunes messieurs réunis chez lui les moyens qui lui semblaient les plus propres à assurer le succès de l'entreprise. « Tout à coup, continue le narrateur, Ozanam regarde à sa montre et dit aux jeunes gens qui l'entouraient : « Mes amis, je suis un bavard. Agir vaut mieux que parler, dans une crise comme celle-ci. L'ennemi est toujours là ; le choléra vient à peine d'entrer dans sa phase décroissante... Nous n'avons pas une minute à perdre ! Il distribua à ses ouvriers de la première heure la liste des malades qu'ils devaient visiter. Puis, s'adressant à Paul Savenay : — Et vous, Paul, lui dit-il, votre première visite est toujours, n'est-ce pas, pour l'hôtel Racine ? — Oui, mon ami, répondit Savenay ; oui, encore aujourd'hui, ajouta-t-il avec une émotion singulière. En ce moment, Ozanam le prit à part et lui dit tout bas quelques mots en me regardant. Il me sembla que Paul Savenay opposait une certaine résistance.

Ozanam insistait en répétant à demi-voix : Pourquoi pas ? Pourquoi pas ?... Paul parut enfin se décider, et se tournant vers moi : « Veux-tu, me dit-il, que nous sortions ensemble ? » Nous sortîmes : Ozanam habitait alors la rue de Sèvres, et nous nous dirigions du côté de la rue Jacob. En descendant la rue des Saints-Pères, nous croisâmes une modeste voiture de louage, qui gravissait assez lentement cette montée fort raide. Paul salua et me dit : « Sais-tu qui est dans cette voiture ? Mgr de Quélen, archevêque de Paris. Comme hier, comme demain, il vient de l'hôtel-Dieu, et il va à l'hospice de la Charité ; c'est ainsi qu'il se venge. Parmi ceux qu'il visite, qu'il secourt et qu'il console, on compterait par centaines les émeutiers de février 1831, les pillards de l'archevêché et de Saint-Germain-l'Auxerrois, ceux qui l'auraient égorgé, s'il était tombé entre leurs mains ! » Nous arrivâmes au bout de la rue Jacob ; Paul s'arrêta devant l'hôtel Racine, moins poétique et moins élégant que son nom. Là, il parut hésiter encore, puis prenant son parti : « Entrons, » me dit-il. On sait ce que sont ces hôtels d'étudiants. Nous montâmes quatre étages. Parvenus au quatrième, nous vîmes une clef sur la porte, n° 78, Paul entra sans frapper, et me fit signe de le suivre. Un émouvant spectacle m'attendait. Sur un lit fort propre, tendu de rideaux de toile verte, je reconnus à l'instant Jacques Faël, le persécuteur, le bourreau de Paul Savenay. Il était évidemment en convalescence ; mais sa pâleur, ses yeux cernés, son visage amaigri, prouvaient qu'il venait de subir l'horrible crise. Sa sœur, vêtue de noir, était debout à son chevet, un rayon de soleil d'avril égayait la chambre. En me voyant, Jacques poussa un cri de surprise ; puis, brusquement, presque violemment, imposant silence d'un geste à Paul, qui voulait parler :

« Non, vois-tu ? lui dit-il ; non, Paul, tu ne veux pas que j'étouffe, n'est-ce pas ? Quand je devrais retomber malade, il faut, entends-tu bien ? il faut que notre camarade sache... ce qu'il a déjà deviné ! Il a été le témoin de mes infamies, de tes souffrances ; il faut qu'il apprenne ce qu'a été la revanche du chrétien contre le mécréant, du saint contre le misérable. Tais-toi ! tais-toi !... Noémi, dis-lui de se taire et de me laisser la parole !... Il y a un mois, j'étais encore tel que tu m'as connu... Non, Armand, j'étais pire : impie, athée, méchant, libertin, mangeur de prêtres, corrompu jusqu'aux moelles. Le 29 mars, jeudi de la mi-carême, j'avais fait la noce avec quelques compagnons de débauches... je rentre à minuit... une heure après, je me tordais sur ce lit, en proie a des convulsions effroyables... La tête en feu, le corps glacé, tous les symptômes du choléra... et j'étais seul, seul au monde... Ma sœur Noémi, au fond de la Bretagne, chez une vieille tante..., mes parents morts..., point d'amis... le vice et l'impiété n'en donnent pas... Oui, seul dans ce misérable hôtel, sûr que, si j'avais la force d'appeler, l'hôtesse épouvantée me ferait jeter sur un matelas, et me crierait d'aller mourir dans la rue... Oh ! quelle nuit ! L'enfer anticipé, moi qui ne croyais pas à l'enfer !... Tais-toi, Paul, je t'en prie, laisse-moi parler !... À sept heures, au paroxysme de mes tortures et de mon désespoir, ma porte s'ouvre, et je vois entrer Paul Savenay... Paul, ma victime, mon martyr !... Ah ! je crus d'abord à une apparition vengeresse... Mais non, il avait sur les lèvres un sourire céleste ; dans le regard, l'expression angélique du pardon... Il vint à moi, me prit la main, me dit quelques bonnes paroles ;... c'était un miracle, n'est-ce pas ?...

— Non, c'était tout simple, interrompit Paul Savenay. Je suis interne à l'hospice de la Charité, à deux pas d'ici... Le docteur Récamier, mon maître, m'avait chargé de visiter tous les hôtels de la rue Jacob... L'hôtel Racine était sur ma liste et le hasard... — Le hasard ! ! ! C'est donc toi maintenant qui nies la Providence ?... Pourquoi ne pas dire la vérité tout entière ?... Tu étais délégué de la société de Saint-Vincent-de-Paul, ou plutôt du bon Dieu, pour me sauver, pour me guérir, pour me consoler, pour faire de moi un honnête homme et un chrétien !... Une heure après, poursuivit Jacques, en m'adressant de nouveau la parole, j'avais tous les remèdes nécessaires, et, le soir, sur ma demande, il m'amena un vicaire de Saint-Germain-des-Prés... Tu vois bien que c'était le bon Dieu ! Pendant cinq jours, Paul ne m'a presque pas quitté... ; pendant cinq nuits, il m'a veillé... Puis, lorsqu'il a reconnu que le danger était passé, il a écrit à ma sœur Noémi, qui n'a pas perdu une minute... et, à présent, je suis le mieux soigné des convalescents, moi qui m'étais cru le plus abandonné des agonisants et des damnés... Oh ! comment reconnaître tant de bienfaits de la miséricorde divine ? Comment expier mes fautes, mes impiétés, mes crimes ?... — Jacques, reprit doucement Paul Savenay, je t'ai déjà dit que, quand même tu n'aurais eu, avant de mourir, qu'un moment, si ce moment avait été bien employé, Dieu t'aurait pardonné !... Et tu as une vie tout entière ! — Mais toi, Paul, mon sauveur, toi qui m'as rendu tant de bien pour tant de mal, comment réparer, comment payer ma dette ?...

Comment mériter ton pardon, ton amitié ?... » En sortant de l'hôtel Racine, je dis à Paul : « Tu te figures peut-être n'avoir guéri qu'un malade... Eh bien ! tu te trompes ; tu en as guéri un autre, et cet autre te serre la main [Armand de Pontmartin, Correspondant (Extraits).]. »

UN PÈRE CONVERTI PAR SON ENFANT

On trouverait difficilement un récit plus touchant que celui qui nous a été laissé par le héros de cette histoire, heureux privilégié des miséricordes divines. « J'ai été élevé aussi mal que possible sous le rapport religieux, non seulement dans l'ignorance de la vérité, mais dans le goût, dans le respect, dans la superstition de l'erreur, et je quittai mes classes, bien muni d'arguments contre Notre-Seigneur et contre l'Église catholique. Élevée comme moi, aussi ignorante que moi, ma femme était beaucoup meilleure. Elle avait le sens religieux. Il se développa lorsqu'elle devint mère ; et, après la naissance de son premier enfant, elle entra tout à fait dans la voie. Quand je songe à tout cela, j'ai le cœur remué d'un sentiment de reconnaissance pour Dieu, dont il me semble que je parlerais toujours, et que je ne saurais jamais exprimer. Alors je n'y pensais point. Si ma femme avait été comme moi, je crois que je n'aurais pas même songé à faire baptiser mes enfants. Ces enfants grandirent. Les premiers firent leur première communion, sans que j'y prisse garde. Je laissais leur mère gouverner ce petit monde, plein de confiance en elle, et modifié à mon insu par le contact de ses vertus que je sentais et que je

ne voyais pas. Vint le dernier. Ce pauvre petit était d'une humeur sauvage, sans grands moyens ; si je ne l'aimais pas moins que les autres, j'étais cependant disposé à plus de sévérité envers lui. La mère me disait :
— Sois patient ; il changera à l'époque de sa première communion. Ce changement à heure fixe me paraissait invraisemblable.

Cependant l'enfant commença à suivre le catéchisme, et je le vis en effet s'améliorer très sensiblement et très rapidement. J'y fis attention. Je voyais cet esprit se développer, ce petit cœur se combattre, ce caractère s'adoucir, devenir docile, respectueux, affectueux. J'admirais ce travail que la raison n'opère pas chez les hommes ; et l'enfant que j'avais le moins aimé, me devenait le plus cher. En même temps, je faisais de graves réflexions sur une telle merveille. Je me mis à écouter la leçon de catéchisme. En l'écoutant, je me rappelais mes cours de philosophie et de morale : je comparais cet enseignement avec la morale dont j'avais observé la pratique dans le monde, hélas ! sans avoir pu moi-même toujours m'en préserver. Le problème du bien et du mal, sur lequel j'avais évité de jeter les yeux, par incapacité de le résoudre, s'offrait à moi dans une lumière terrible. Je questionnais le petit garçon : il me faisait des réponses qui m'écrasaient. Je sentais que les objections seraient honteuses et coupables. Ma femme observait et ne disait rien ; mais je voyais son assiduité à la prière. Mes nuits étaient sans sommeil. Je comparais ces deux innocences à ma vie, ces deux amours au mien ; je me disais : « Ma femme et mon enfant aiment en moi quelque chose que je n'ai aimé ni en eux ni en moi ; c'est mon âme. » Nous entrâmes dans la semaine de la première communion. Ce n'était plus de l'affection seulement que l'enfant m'inspirait ; c'était un sentiment que je ne m'expliquais pas, qui me semblait étrange, presque humiliant, et qui se traduisait parfois en une espèce d'irritation. J'avais du respect pour lui. Il me dominait. Je n'osais pas exprimer en sa présence de certaines idées, que l'état de lutte où j'étais contre moi-même produisait parfois dans mon esprit.

Je n'aurais pas voulu qu'elles lui fissent impression. Il n'y avait plus que cinq ou six jours à passer. Un matin, revenant de la messe, l'enfant vint me trouver dans mon cabinet, où j'étais seul. — Papa, me dit-il, le jour de ma première communion, je n'irai pas à l'autel sans avoir demandé pardon de toutes les fautes que j'ai faites et de tous les chagrins que je vous ai causés, et vous me donnerez votre bénédiction. Songez bien à tout ce que j'ai fait de mal pour me le reprocher, afin que je ne le fasse plus, et pour me pardonner. — Mon enfant, répondis-je, un père pardonne tout, même à un enfant qui n'est pas sage ; mais j'ai la joie de pouvoir te dire qu'en ce moment je n'ai rien à te pardonner. Je suis content de toi. Continue de travailler, d'aimer le bon Dieu, d'être fidèle à tes devoirs ; ta mère et moi nous serons bien heureux. — Oh ! papa ! le bon Dieu qui vous aime tant, vous soutiendra, pour que je sois votre consolation, comme je le demande. Priez-le bien pour moi, papa. — Oui, mon cher enfant. Il me regarda avec des yeux humides, et se jeta à mon cou. J'étais moi-même fort attendri. — Papa !... continua-t-il. — Quoi, mon cher enfant ? — Papa, j'ai quelque chose à vous demander ! Je voyais bien qu'il voulait me demander quelque chose, et ce qu'il voulait me demander, je le savais bien ! Et, faut-il l'avouer ? j'en avais peur ; j'eus la lâcheté de vouloir profiter de ses hésitations. — Va ! lui dis-je, j'ai des affaires en ce moment.

Ce soir ou demain, tu me diras ce que tu désires, et, si ta mère le trouve bon, je te le donnerai. Le pauvre petit, tout confus, manqua de courage, et, après m'avoir embrassé encore, se retira tout déconcerté, dans une petite pièce où il couchait, entre mon cabinet et la chambre de sa mère. Je m'en voulus du chagrin que je venais de lui donner, et surtout du mouvement auquel j'avais obéi. Je suivis ce cher enfant sur la pointe des pieds, afin de le consoler par quelque caresse, si je le voyais trop affligé. La porte était entr'ouverte. Je regardai sans faire de bruit. Il était à genoux devant une image de la sainte Vierge ; il priait de tout son cœur. Ah ! je vous assure que j'ai su ce soir-là quel effet peut produire sur nous l'apparition d'un ange ! J'allai m'asseoir à mon bureau, la tête dans mes mains, prêt à pleurer. Je restai ainsi quelques instants. Quand je relevai les yeux, mon petit garçon était devant moi avec une figure tout animée de crainte, de résolution et d'amour. — Papa, me dit-il, ce que j'ai à vous demander, ne peut pas se remettre, et ma mère le trouvera bon : c'est que, le jour de ma première communion, vous veniez à la sainte Table avec elle et moi. Ne me refusez point, papa. Faites cela pour le bon Dieu qui vous aime tant. Ah ! je n'essayai pas de disputer davantage contre ce grand Dieu qui daignait ainsi me contraindre. Je serrai en pleurant mon enfant sur mon cœur. — Oui, oui, lui dis-je, oui, mon enfant, je le ferai. Quand tu voudras, aujourd'hui même, tu me prendras par la main ; tu me mèneras à ton confesseur, et tu lui diras : « Voici mon père. » L'abbé LOTH.

UN CADEAU INATTENDU

D ans une fonderie située près de Paris, il y avait un ouvrier qui avait reçu autrefois une certaine éducation. Mais des revers de fortune l'avaient obligé à chercher du travail. Un jour, il fit un faux pas, tendit ses mains en avant pour amortir sa chute, et sa main droite alla malheureusement s'étendre sur un morceau de fer rouge qui la brûla jusqu'à l'os. Le malheureux subit l'amputation avec courage ; mais il ne souffrit pas avec un courage égal une infortune qui le privait, lui, sa femme et ses quatre enfants, du pain quotidien ; ses plaintes s'exhalaient en affreux blasphèmes. Informée de sa triste situation par une bonne-sœur de charité, la comtesse *** se hâta d'accourir. Elle prodigua avec ses secours les bonnes paroles, multiplia ses visites, ses cadeaux, ses encouragements. L'ouvrier la recevait froidement, acceptait tout poliment, remerciait sèchement et, dès que la charitable comtesse avait franchi le seuil de la mansarde, il se tournait vers sa femme et lui disait d'un ton railleur : « Les visites de cette dame sont bien intéressées, j'en suis sûr, c'est en vue des prochaines élections qu'elle nous vient en aide. » Tout en partageant les sentiments de son mari, Annette ne parlait pas comme lui. Elle faisait bonne mine à la comtesse afin que les dons en faveur de ses enfants fussent augmentés. Mais son cœur restait fermé, et la généreuse bienfaitrice ne se faisait pas illusion sur les vrais sentiments de sa protégée. Noël arriva... Depuis quinze jours, la machine à coudre ne cessait de faire entendre ses tics-tacs. C'était à ne pouvoir dormir, durant la nuit entière, dans la maison. — Qu'avez-vous donc à travailler ainsi, Annette ? demandaient les voisines.

Nous allons vous conduire au Père-Lachaise [Cimetière bien connu, le principal de la Capitale.], bien sûr ! si vous continuez à vous fatiguer ainsi. — C'est que voici bientôt Noël, et je ne veux pas voir pleurer mes enfants comme l'an passé. Ils ont eu les mains vides pendant que les autres avaient les mains pleines de jouets et de bonbons : cela m'a fendu le cœur et je leur ai promis que le Noël de cette année les dédommagerait. Je travaille pour tenir parole. L'homme propose et Dieu dispose. Notre Annette travailla avec tant de précipitation qu'un beau soir sa machine à coudre cassa. Plus de travail, plus de pain. Adieu les cadeaux de Noël ! Ô malheur ! les enfants allaient pleurer... L'ouvrière fit contre mauvaise fortune bon cœur : elle porta vite son gagne-pain à la réparation ; mais on la fit attendre et on lui fit payer quinze francs ! hélas ! — Quel guignon d'être malheureuse ! murmurait la pauvre mère en pleurant. Ce Noël allait être, bien certainement, encore plus triste que celui de l'année précédente. La veille au soir, les enfants mirent leurs petites chaussures sous la cheminée. Mille précautions furent prises pour les placer au bon endroit ; il y avait eu même des contestations et des disputes entre eux à ce sujet. Le cadet n'avait pas craint de troubler l'ordre et de changer la topographie des souliers. La sœur aînée, qui s'en aperçut en faisant une ronde à la dérobée, fit un tintamarre qui nécessita l'intervention du papa et de la maman. — Comme ils vont être cruellement déçus, demain matin ! pensait Annette avec angoisse.

Mon cœur se fend de chagrin. Ce ne fut point sans peine que l'on décida les petits à aller se coucher : ils restaient là, bouche béante, devant le tuyau de la cheminée qui subit vingt fois leur inspection. Ils auraient volontiers passé la nuit à attendre le petit Jésus. Couchés sur leurs pauvres matelas, la discussion ne cessa point. Ils firent des projets, des échanges ; ils jasèrent, se disputèrent. Quand le silence se fut établi, Annette dit a Baptiste : — Je n'ai rien à leur donner : ma bourse est à sec. Pauvres petits ! Annette et Baptiste pleurèrent en voyant l'étalage des chaussures des enfants. Tout à coup, sans dire un mot, Baptiste se leva et sortit... Il passa devant les magasins étincelants de lumière, s'arrêta aux splendides étalages. — Passons, dit-il, je suis trop pauvre pour entrer là. Il porta ses pas du côté des petites boutiques en planches, échelonnées le long des boulevards et bourrées de jouets. Avisant une boutique a treize sous, il entra, et s'approchant du patron, il lui dit à l'oreille : — Je suis un brave ouvrier, j'ai quatre enfants ; une grande dame nous protège (cet aveu lui coûtait les yeux de la tête) : je voudrais bien avoir, à crédit, quelque objet à bon marché. Monsieur, vous pouvez voir... je demeure à... Le patron ne le laissa pas achever. — La maison ne vend pas à crédit, Monsieur... Inutile !... À treize sous ! Boutique à treize sous !... Bon marché sans exemple. Quand Baptiste revint à la mansarde, il était exaspéré et criait plus fort que jamais : « Ah ! quel malheur d'être pauvre ! » Les cloches de la messe de minuit sonnaient à toute volée et joyeusement.

Annette entendit frapper à la porte ; elle courut ouvrir : la comtesse entra. — Quoi, vous à cette heure ? — Oui, j'ai pensé à vos chéris... Je n'ai qu'un instant ; ma voiture est en bas qui m'attend pour me conduire à Sainte-Clotilde où je vais entendre la messe de minuit. Oh ! comme ils dorment d'un sommeil paisible, ces chers petits enfants du bon Dieu ! Ils seront bien contents demain... tenez, voilà pour eux. La comtesse tendit un paquet, et, enveloppée de son manteau ramené autour d'elle, descendit rapidement l'escalier. Un coup de couteau à travers une ficelle, et le paquet éventré étala ses merveilles. Il y avait des poupées, des pantins, des dragées, des oranges, du chocolat, des bonbons, tout un assortiment de bonnes et belles choses à admirer, à conserver, à croquer. Baptiste et Annette n'y voyaient plus : ils pleuraient, ils sanglotaient. Ces chers petits ! comme ils seront heureux au réveil ! Les chaussures ne furent pas assez longues, larges et hautes pour recevoir les dons du petit Jésus : le devant de la cheminée fut garni d'objets inconnus à la mansarde. Comment décrire la joie des enfants, leurs exclamations, leurs cris, lorsque le jour fut venu ! Annette et Baptiste dévoraient des yeux ces chers petits ; ils partageaient leurs transports et pleuraient de joie avec eux. Quand la comtesse revint, Baptiste lui dit, les larmes aux yeux : — Madame, vous nous aimez puisque vous aimez nos enfants. Nous vous serons tous reconnaissants jusqu'à la mort. Huit jours après, Baptiste, Annette et les enfants allaient à la messe de la paroisse. La charité de la comtesse avait trouvé le chemin du cœur.

LES TROIS ACTES D'UN DRAME

CONTEMPORAIN

U n dimanche matin, on aurait pu voir, il y a
quelques années, deux personnes se rendant à
l'église principale de leur localité, vers l'heure
de la grand'messe. C'étaient M. X*** et son épouse,
tous deux imbus des préjugés de notre siècle et pleins
de cette arrogante fierté qui distingue les parvenus sans
religion. Ils n'allaient pas à la maison de Dieu pour y
prier, mais bien pour s'y pavaner et y chercher un
moyen de se distraire en même temps qu'une
satisfaction à leur vanité. Lorsqu'ils entrèrent, la messe
était commencée ; au lieu de se tenir dans le bas de
l'église, ils prétendent traverser les rangs, examinent
curieusement toute l'assistance, se communiquent leurs
impressions, en un mot affectent le même sans-gêne
que s'ils s'étaient trouvés dans un concert ou une salle
de spectacle. À ce moment, un prêtre à cheveux blancs,
d'un aspect vénérable, quitte le chœur pour faire, selon
l'usage, la quête parmi les fidèles. C'était le curé de la
paroisse, qui jouissait de l'estime universelle grâce à ses
bienfaits et à ses vertus. Le digne ecclésiastique avait la
douceur d'un père, mais il avait aussi la juste sévérité du
ministre d'un Dieu trois fois saint. Indigné de l'attitude

inconvenante de M. X*** et de son épouse, que leur toilette toute mondaine rendait plus révoltante encore, peiné surtout du scandale qui en résultait pour ses ouailles, le pasteur ne put s'empêcher de s'arrêter un instant lorsqu'il arriva près d'eux, et il leur dit à voix basse, mais d'un air grave : « Oubliez-vous donc que vous êtes ici dans la maison de Dieu ?... » Puis, il passa, mais sa parole ne passa point, elle demeura brûlante sur le cœur de Mme X***, et en fit jaillir jusque sur son front la rougeur de la honte et de la colère... Peu de jours s'étaient écoulés, lorsqu'un jeune homme se présente au domicile du bon curé et demande à lui parler.

Vainement lui objecte-t-on une occupation urgente, qui rend l'entrevue pour le moment impossible ; il insiste vivement et justifie ses instances par les sollicitations d'un malade qui, se tordant, dit-il, dans les étreintes de l'agonie, l'appelle, veut le voir, lui parler, ne voir et ne parler qu'à lui seul !... Le prêtre est averti, il abandonne tout pour porter au moribond les consolations de son ministère, il hâte le pas, il court vers le domicile indiqué, il arrive. Introduit dans l'appartement où il était attendu, il cherche inutilement le lit du malade, il n'y trouve qu'un homme à l'abord froid et glacial et une dame se prélassant sur un riche canapé. — On a deviné M et Mme X***. C'était un lâche guet-apens. Le seuil à peine franchi, la porte se ferme à double tour derrière le vieillard. — Puis-je savoir ce que cela signifie ? dit-il avec étonnement. — Je vais vous l'apprendre, répond X***. Asseyez-vous. Le vénérable pasteur s'assit machinalement, sans rien comprendre à un pareil début. Mme X*** laissa percer sur ses lèvres un imperceptible sourire, et son mari joua une dignité qui était une contradiction flagrante avec le rôle qu'il s'imposait. — Monsieur l'abbé, dit-il, nous reconnaissez-vous ? — Non, dit le prêtre ; cependant vos traits ne me sont point inconnus, mais je ne saurais préciser... — C'est étrange, fit X*** avec une légère ironie ; eh bien ! monsieur, j'aiderai vos souvenirs. Ministre d'une religion toute de charité, comment qualifieriez-vous l'insulte qu'un homme inflige à un autre ? — C'est une faiblesse, dit le prêtre. — Et si cette prétendue faiblesse atteint encore son épouse ?

— C'est alors une lâcheté, dit le vieillard, de plus en plus surpris. — Mais si cette lâcheté s'accomplit devant une foule nombreuse, et dans un lieu réputé sacré par vous et par les vôtres, dans l'église même : que devient alors cette lâcheté ? — Cette lâcheté devient alors un sacrilège, dit encore le vénérable ecclésiastique, dont l'étonnement n'avait plus de limite. — Nous sommes parfaitement d'accord, dit X*** en échangeant avec sa femme un rapide coup d'œil. Les dernières paroles du prêtre avaient entièrement épanoui le visage de Mme X*** et elle souriait béatement sur son siège. — Mais je ne sais vraiment pas, monsieur, dit le curé, où peuvent aboutir toutes ces questions ; daignez-vous expliquer plus nettement, je vous prie. — Encore un point à éclaircir, monsieur l'abbé, et j'arrive au dénouement. — Quel châtiment doit donc être infligé à l'homme lâche et sacrilège qui a pu s'oublier ainsi ? — Le châtiment est, dans ce cas, monsieur, l'expression de la vengeance, et la vengeance n'appartient qu'à Dieu ! — Ah ! je le regrette ; mais ici, monsieur, nous différons absolument de manière de voir, et il m'est avis que l'insulte doit nécessiter ou de promptes excuses ou une juste expiation. Permettez-moi, même, de n'admettre à cet égard que mon opinion seule. Et maintenant, ajouta-t-il, en quittant tout à coup le ton d'une discussion calme pour les formes brusques et peu courtoises de la colère et de la passion ; et maintenant, ma femme et moi, nous sommes les offensés, et l'insulteur, c'est vous !... — Moi ! dit le prêtre avec surprise sans doute, mais toujours avec ce calme et cette dignité qui jaillissent d'une conscience pure ; moi !...

Puis, un souvenir illuminant tout a coup sa mémoire : « Oh ! monsieur, poursuit-il d'un ton doucement ironique, vous intervertissez étrangement les rôles : je sais à présent de quoi il s'agit. Dieu m'a confié la garde de sa maison, j'ai dû la faire respecter, et en vous rappelant, ainsi qu'à madame, la sainteté du sanctuaire, je n'ai fait qu'accomplir un devoir. » X*** demeure un instant interdit, en face d'une réponse aussi ferme : mais peut-il être vaincu, lui, par un prêtre, par un vieillard ?... — Monsieur ! s'écrie-t-il avec violence, vos paroles étaient une insulte, et l'insulte veut l'expiation ; et saisissant un pistolet caché sous son vêtement : « À genoux, dit-il au vieillard, à genoux ! et faites des excuses ! [Quelque incroyable et même improbable que paraisse cette violence préméditée, qu'on pourrait regarder comme une scène de roman, l'auteur garantit l'authenticité du fait.] » X*** avait armé le pistolet et le tendait menaçant vers la poitrine du vieux prêtre. Mais il ne savait pas tout ce qu'il y a de noblesse, d'énergie, d'invincible volonté dans un cœur sans tache, dans une âme chrétienne, nourrie chaque jour du pain des forts. Il ne savait pas qu'abreuvé du sang de son Dieu, le vieillard y retrouve les forces de la jeunesse, le prêtre l'héroïsme qui fait les martyrs. Il ne le savait pas, il ne le soupçonnait même pas ; s'il en eût été autrement, aurait-il pu consentir à affronter bénévolement cette alternative, ou d'être le meurtrier d'un vieillard, ou de subir la honte d'une mystification qu'il prétendait infliger lui-même ? Le saint prêtre, calme et impassible, regarde fixement l'homme qui le menace, et n'opposant à sa fureur qu'une sublime résignation :

« Monsieur, dit-il, le vieillard qui n'a plus que quelques jours à passer sur la terre ne doit pas redouter la mort ; et le prêtre doit mourir plutôt que de transiger avec sa conscience, il ne saurait rétracter un devoir accompli, et il ne fléchit le genou que devant son Dieu ! » Et portant la main à son cœur : « Frappez, monsieur, dit-il, frappez ! Dieu nous voit, qu'il nous juge ; à lui seul appartient la vengeance ! » Ainsi que nous venons de le dire, se trouvant dans la nécessité ou d'être meurtrier ou de subir la honte d'une défaite, X*** fut tout heureux de voir sa femme s'interposer et solliciter en faveur du vieillard un généreux pardon. Cette médiation tout à coup inspirée à Mme X*** diminua un peu ce qu'avait d'humiliant la position que son mari s'était faite. Ne paraissant alors obéir qu'aux instances de son épouse, il baissa l'arme et ne frappa point. — Puisque vous ne voulez pas me tuer, dit le curé, souriant à demi, soyez assez bon, monsieur, pour vouloir bien me rendre la liberté que vous m'avez ravie. X*** ouvrit la porte de son appartement, non sans quelque embarras, et le prêtre, ne laissant paraître aucune émotion, avec l'aisance d'un calme parfait, se retira en s'inclinant. Un an après, jour pour jour, le triste héros de cette aventure revenait, à cheval, d'un village voisin. C'était à la nuit tombante, et le voyageur humait avec délices la fraîcheur du soir. Après une absence de huit jours, il venait de régler quelques affaires et se hâtait de rentrer au sein de sa famille. Le voyage jusque-là avait été des plus heureux ; tout à coup, arrivé à un endroit où la route décrit brusquement une courbe, le contact inattendu d'une branche qui s'inclinait isolément sur le chemin effraye le cheval. Un écart aussi prompt qu'imprévu renverse le cavalier.

Par une circonstance funeste, le pied de X**** demeure engagé dans l'étrier et le tient suspendu aux flancs de sa monture, balayant de son front ensanglanté le sable et les cailloux de la route. Non loin de là se trouvaient quelques, habitations, çà et là éparses. Aux cris de l'infortuné, on accourt ; mais, surexcité par le bruit qu'il entend et par la piqûre incessante de l'éperon avec lequel il laboure lui-même ses propres flancs, le cheval redouble de vitesse et traîne à travers les champs le corps mutilé de son maître. On peut enfin l'arrêter, mais X*** n'a déjà plus le sentiment de sa propre existence. Ses vêtements en lambeaux sont souillés de poussière et de sang ; son visage, horriblement défiguré, laisse apercevoir au front une blessure large et profonde. Transporté sous le toit d'un pauvre paysan, il y reçoit les soins les plus empressés, mais la nuit qu'il y passa fut une nuit d'angoisses et d'atroces douleurs. X*** n'était qu'à 3 kilomètres de chez lui, et le lendemain, sur l'assurance donnée par le médecin que le malade pouvait, sans trop de danger, à l'aide de certaines précautions, franchir cette distance, quelques amis le portèrent sur une litière, et après bien des difficultés, parvinrent à le déposer mourant à son domicile. Malgré un repos absolu, malgré la rigoureuse observance de toutes les prescriptions de l'art, l'état du malade devenait de plus en plus alarmant ; il n'y avait même plus d'autre lueur d'espérance que celle qui ne nous abandonne jamais, tant que l'objet de nos inquiétudes ne nous est pas entièrement ravi. Ses amis ne l'approchaient pas ; sa femme elle-même ne venait auprès de lui qu'à de rares intervalles.

Elle était loin de s'illusionner sur la gravité du mal, et quelques étincelles d'une foi non encore éteinte lui faisaient désirer pour son mari les secours de la religion ; mais, partageant de ridicules préjugés, elle n'osait manifester ce désir. La difficulté s'aplanit de la manière la plus inattendue, et par celui-là même dont on pouvait le moins l'espérer. Dans le cours de sa maladie, X*** était souvent en proie au délire, et souvent alors aussi on entendait s'échapper de ses lèvres un nom auquel se rattachaient pour lui de tristes souvenirs, un nom qu'il ne semblait cependant prononcer qu'avec respect. À ce nom se mêlaient encore des mots entrecoupés : Expiation !... Vengeance !... Et si le malade trouvait un peu de calme, si la raison succédait au délire, ce n'était plus l'expression apparente du remords, mais celle du repentir, qu'articulait sa bouche. À l'un de ces moments heureux, mais rares, où une amélioration sensible s'était produite dans l'état de X***, il fit venir sa femme auprès de lui, et après quelque temps d'un secret entretien, celle-ci le quitta le front presque joyeux, comme si elle eût puisé dans cet entretien même une double espérance. Elle s'empressa donc de donner des ordres, qu'elle recommanda d'exécuter sans aucun retard. Un moment après, le vénérable curé que nos lecteurs connaissent déjà, se rendait aux instances de Mme X*** et franchissait de nouveau, sans hésitation, le seuil d'une demeure où il avait reçu naguère un si cruel outrage. Ô religion sainte, voilà tes œuvres ! Ce saint vieillard a tout oublié, tout pardonné, et il vient consoler et bénir, il vient ouvrir le ciel à celui qui avait failli l'assassiner. Ce fut Mme X*** qui introduisit le pasteur auprès du moribond.

À l'aspect de ces cheveux blancs, de ce front tout empreint d'une majesté simple et imposante, sous l'influence de ce regard toujours grave, toujours calme, toujours bienveillant, mille souvenirs surgirent spontanément dans l'âme de X***, et, soulevant la tête avec effort, il voulut s'incliner devant le noble vieillard. — Est-ce bien vous, monsieur, dit-il d'une voix faible, est-ce bien vous qui daignez venir jusqu'à moi ? — Oui, c'est moi, dit le prêtre avec bonté. — Je ne l'espérais pas, monsieur. Pouvais-je l'espérer après l'outrage dont je me suis rendu coupable envers vous ? Puis, après un moment de silence : — Ah ! monsieur l'abbé, dites-le-moi, venez-vous ici pour me pardonner ou pour me maudire ? — Mon fils, le prêtre ne maudit jamais, il ne sait que bénir. Je vous bénis et je vous pardonne ! Mme X*** était là. À ces dernières paroles, son cœur s'émut, ses larmes coulèrent, et, pour éviter d'augmenter par son émotion l'émotion du malade, elle quitta l'appartement avec discrétion et prudence. Alors, son époux tournant vers le prêtre un regard où se peignaient tour à tour et la reconnaissance et l'admiration : — Merci, monsieur, merci ! Je mourrai maintenant moins malheureux, puisque j'ai obtenu un pardon que je n'osais même pas implorer. — Ne parlons plus de moi, répondit le ministre du ciel ; mon pardon n'est rien, mon ami, ou bien peu de chose ; je vous en apporte un autre, autrement précieux, autrement désirable, celui de Dieu lui-même. C'est lui qu'il faut aimer, lui qu'il faut bénir.

Voyez ! jusque dans ses châtiments il se montre bon père ; c'est lui qui a fait naître en vous mon souvenir, lui encore qui me conduit ici pour consoler votre souffrance. Que vos larmes montent jusqu'à lui, voici l'heure de la réconciliation ! Et le prêtre s'approcha bien près du lit du mourant. Dieu seul entendit les aveux du coupable et les paroles consolatrices du prêtre. Ce que nous savons, nous, c'est que les aveux de l'un furent souvent interrompus pas des sanglots, et que les paroles de l'autre furent accompagnées de douces larmes. Et quand ce secret entretien fut achevé, le vieillard s'inclina plus près encore du pénitent et déposa sur son front pâle le baiser de la paix. Le lendemain, le vieux prêtre revint auprès de son cher malade, portant dans ses mains le gage du salut, le sceau de la réconciliation. Le moribond, avec la piété d'un chrétien, la foi vive d'un fidèle, s'unit intimement au Seigneur, et, quelques heures après, il expira dans les sentiments d'une espérance, d'une confiance illimitées, car il allait vers Dieu, accompagné par Dieu même ! (D'après Jules Ducot.)

LE REMÈDE EST DUR, MAIS IL EST BON !...

Quelques jours après avoir terminé sa station, un missionnaire reçut la visite d'un capitaine, homme d'esprit, droit et honnête, qui entama la conversation sur les grandes vérités chrétiennes exposées dans les réunions précédentes. « J'ai bien la foi, dit cet officier ; qui ne l'a pas ? Il n'y a qu'un ignorant ou qu'un homme perverti qui soit de force à ne pas croire à l'éternité, à ne pas croire en Jésus-Christ et à nier la majesté de l'Église. Dieu merci ! je n'en suis pas là. Cependant, j'ai dans l'esprit je ne sais quoi de vague, d'indéfini qui m'empêche d'aller jusqu'à la pratique. » Le bon missionnaire sourit, et, lui tendant la main : « Mon capitaine, lui dit-il, bien des gens sont travaillés de cette maladie. Voulez-vous en guérir ? — Eh ! sans doute, répondit l'officier ? Quel livre faut-il lire ? — Aucun. — Et comment, alors, m'instruirai-je ? — Rien n'est plus simple. Seulement, je crains bien que vous ne repoussiez le remède. Il est infaillible cependant. — Dites toujours. Peut-être ne me fera-t-il pas si peur. — Eh bien ! mettez-vous à genoux et sans hésiter, priez de tout votre cœur. Moi je vais me mettre à prier avec vous, et puis... je vous confesserai. — Me confesser ! répliqua vivement l'officier tout surpris ;

mais c'est là précisément ce qui me paraît inadmissible. » Et il lança cinq ou six phrases contre la confession. Le Père écouta tranquillement, puis lui dit : « Vous voyez bien que vous avez peur, j'en étais sûr. Je vous aurais cru plus brave. — Mais je le suis. — Prouvez-le-moi donc, ici à genoux. » En disant cela, il s'agenouilla le premier... Après un peu d'hésitation, le capitaine en fit autant. Le missionnaire récita à haute voix et du fond du cœur : Notre Père, Je vous salue, Marie, et Je crois en Dieu ; puis un acte de contrition.

« Confessez-vous, mon fils, ajouta-t-il avec douceur et autorité. Dieu veut votre âme. Je vous pardonnerai tout en son nom. » Le capitaine tout ému ne répondit rien. Le prêtre se leva ; l'officier resta à genoux. Dieu soit béni ! dit le missionnaire. Et il s'assit près du militaire, l'encourageant si bien que son pauvre cœur fermé s'ouvrit à la grâce de Dieu et que, quelques minutes après, l'absolution sacramentelle avait rendu à sa belle âme sa pureté première. L'officier resta longtemps à genoux... il pleurait. Quand il se releva, il se jeta dans les bras du Père. « Oh ! quel remède ! s'écria-t-il. Qu'il est dur, mais qu'il est bon ! Comme je vois clair à présent ! je n'ai plus de doutes ; je crois tout ; je suis le plus heureux homme du monde ! »

LE BANC DE FAMILLE

Vers dix-huit ans, rapporte le héros de cette histoire, je perdis mon père et ma mère à quelques mois de distance, et en les perdant, je perdis tout. Un an ne s'était pas écoulé que ma foi et mes mœurs avaient fait naufrage. Les mœurs d'abord, la foi ensuite. C'est toujours ainsi que les choses se passent. Je devins voltairien, impie, matérialiste ; enfin, comme vous dites aujourd'hui, libre-penseur. Poussé par une logique satanique, je conformai mes actes à mes nouvelles opinions. Moi, le fils d'une famille de saints, je ne mis plus les pieds à l'église ni à Pâques, ni à Noël, ni à l'occasion d'un enterrement ou d'un mariage. Cette conduite fut justifiée à l'aide de propos impies et blasphématoires qui scandalisèrent toute la paroisse. Le vieux curé qui m'avait fait faire ma première communion, m'ayant écrit pour me demander si je voulais garder à l'église mon banc de famille, je ne daignai pas lui répondre et je cessai de le saluer. Dix-huit ans s'écoulèrent ; dix-huit ans que je voudrais effacer de mon existence au prix du temps que j'ai encore à passer sur la terre. Un trait vous dira quel homme j'étais. Un jour de Pâques, fatigué d'entendre les cloches chanter à toutes volées dans leur langage l'Alléluia, exaspéré de voir les chemins couverts d'hommes et de femmes en habits de fête se rendant à l'église, je saisis une cognée de bûcheron et j'allai attaquer par le pied un chêne situé dans une de mes prairies qui bordait la route. Je voulais protester contre les superstitions populaires !... Deux ans après ce bel exploit, par un jour brûlant d'été, une tempête épouvantable s'abat sur le bourg de Saint-Maurice-les-Étangs. Une famille, composée du père, de la mère et des trois enfants fut tuée par la foudre. Toute la paroisse se leva comme un seul homme et accompagna ces cinq cercueils à l'église et au cimetière.

Je suivis la foule. L'impiété n'est pas toujours de saison. On m'aurait, ce jour-là, jeté des pierres, si je m'étais abstenu d'assister aux funérailles, ou si, en y allant, j'avais affecté de ne pas entrer dans l'église. J'entrai donc et je fis comme les autres. Il y avait près de dix-huit ans que je n'avais mis le pied dans la maison de Dieu ; aussi étais-je embarrassé de ma personne au milieu de la foule qui remplissait, ce jour-là, l'église. Pendant que je cherchais un coin pour m'y cacher, le sacristain vint à moi et me fit signe de le suivre. Je le suivis machinalement, me demandant ce que ce bonhomme me voulait. Quelle ne fut pas ma surprise, lorsqu'il m'ouvrit le vieux banc de ma famille, toujours à sa place et toujours inoccupé, comme si j'avais continué à payer à la fabrique la taxe annuelle ! Je n'étais pas à la fin de mes étonnements. Le sacristain revint au bout de quelques minutes, apportant une petite clef rouillée. Il me la remit en disant : — Voici votre clef. Je me rappelai alors qu'il y avait dans notre banc un petit coffret scellé, moitié dans le bois, moitié dans la pierre, où ma pieuse mère mettait ses livres de prières. Le coffret, lui aussi, était à sa place ; je le reconnus, je reconnus la clef. J'ouvris, poussé comme par une force surnaturelle. Quelle ne fut pas mon émotion, en trouvant dans le coffret des livres dont ma mère se servait et où elle m'avait fait lire souvent de si belles prières ! Ils étaient là, à peine détériorés par le temps et l'humidité, le Formulaire de prières, l'Ange conducteur, l'Imitation de Jésus-Christ... Ma présence dans l'église et dans le banc de ma famille eût fait sensation en d'autres circonstances.

Grâce à la foule et à ces funérailles extraordinaires, elle passa inaperçue. Je pus, non pas prier, — je ne savais plus le faire, — mais rêver et réfléchir comme si j'avais été seul. Ayant ouvert l'Imitation pour me donner une contenance, j'y trouvai une feuille de papier détachée, jaunie par le temps et le contact des doigts. Elle contenait une prière écrite de la main de ma mère. La voici : « Oh ! mon Dieu ! ne me punissez pas de ce que je n'ai pas assez de foi pour souhaiter, comme la mère de saint Louis, de voir mon fils mort plutôt que souillé d'un seul péché mortel ! Pardonnez à ma faiblesse. Conservez la vie et la santé de mon enfant. Gardez-le du malheur de vous offenser. Mais si jamais il s'égarait du chemin de la foi et de la vertu, ramenez-l'y doucement et miséricordieusement comme vous ramenâtes l'enfant prodigue a son père ! » Vous devinez mon émotion. Des larmes, que mon orgueil s'efforçait de retenir, coulèrent abondamment. Dire que je fus converti ce jour-là, serait trop dire. On ne brise pas aussi promptement avec dix-huit ans d'impiété. Mais si je ne fus pas converti, je fus touché et ébranlé. Dès le jour même, j'allai remercier le vénérable curé de Saint-Maurice de m'avoir conservé mon banc de famille. Il me fallut insister pour rembourser à l'excellent homme les dix-huit annuités qu'il avait avancées pour moi au trésorier de la fabrique. « Voyez-vous ? me dit-il, bon sang ne peut pas toujours mentir. On n'est pas impunément le rejeton d'une famille de saints. Je le savais, moi, qu'un jour ou l'autre vous viendriez occuper le vieux banc des Chauvigny. Il ajouta, en me prenant les deux mains et en me les pressant : — Je vous en prie, mon cher enfant, puisque vous êtes allé à l'église, retournez-y.

Vous consolerez les dernières années d'un vieux prêtre qui honorait et aimait vos parents, et qui en fut estimé et aimé. » Que vous dirai-je de plus ? J'allai à la messe le dimanche suivant. La grâce de Dieu fit le reste.

LA LETTRE D'UNE MÈRE

Un des premiers malades que je visitai à mes débuts, disait un médecin chrétien, ce fut un jeune homme d'environ trente-cinq ans, que le désordre avait prématurément conduit aux portes de la mort. Je m'attachai à ce malheureux, et, ne pouvant le sauver, j'essayai d'adoucir ses souffrances. Froid, silencieux, strictement poli, mon malade acceptait mes remèdes et mes soins sans croire beaucoup à leur efficacité. Il aurait voulu dormir toujours et ne cessait de me demander de l'opium. Je rencontrai dans l'escalier de la maison un vieux prêtre qui me dit : — Monsieur, j'ai entendu dire que vous étiez chrétien ; rendez donc à ce malheureux jeune homme un service : dites-lui quelques mots de Dieu. Je lui ai fait, sans résultat, plusieurs visites. Il m'accueille poliment, mais c'est tout. Je suis sûr qu'une parole de vous ferait plus d'effet que toutes mes exhortations. Je promis d'essayer. Le lendemain, je m'efforçai de faire causer mon malade et, comme il s'y prêtait d'assez bonne grâce, j'amenai la conversation sur le terrain religieux ; le jeune homme s'en aperçut et me dit d'un ton ferme : — Je vous en prie, monsieur, ne me parlez pas de religion ; je n'y crois pas. — Vous croyez au moins a l'existence de l'âme ?

— Je crois à l'opium, dit-il en souriant, et au sommeil. Et il prit la position d'un homme qui essaie de dormir. À quelques jours de là, je fis une seconde tentative, qui tourna plus mal encore que la première. — Écoutez, docteur, me dit le malade, j'ai étudié un peu de philosophie, et j'en sais assez pour ne pas croire à l'existence de l'âme. Et il se mit à développer quelques-uns des arguments de l'école matérialiste.

Ces erreurs, qui m'auraient choqué dans la bouche d'un professeur éloquent, me parurent, dans cette mansarde et sur les lèvres de ce mourant, révoltantes et monstrueuses. Je sortis navré. Cependant nous continuions, le vieux prêtre et moi, à soigner, sans plus de succès l'un que l'autre, le corps et l'âme de ce malade. Le corps marchait à grands pas au tombeau. L'âme s'en allait à la perdition éternelle. Un jour que je posais à ce jeune homme une ventouse, j'eus besoin d'un morceau de papier ; j'aperçus une espèce de lettre posée à côté de son chevet, je la pris et j'allais m'en servir lorsque le jeune homme me saisit brusquement la main et m'arracha la lettre. Un peu surpris, je déchirai une feuille à un vieux livre et je fis mon opération. Le soir du même jour, je retournai voir mon client qui baissait de plus en plus. Je l'aperçus tenant à la main et s'efforçant de lire la lettre que j'avais voulu brûler le matin. — Docteur, me dit-il, voici la dernière lettre que ma mère m'a écrite ; il y a un an qu'elle ne me quitte pas et je l'ai lue plus de cent fois ; je voudrais la relire avant de mourir ; mes mains tremblent et ma vue s'obscurcit : soyez bon jusqu'à la fin, lisez-moi tout haut cette lettre. Je pris la lettre et j'en commençai la lecture. Non ! jamais, depuis, je n'ai rien lu d'aussi tendre et d'aussi touchant. C'était Monique écrivant à Augustin. J'avais beau être médecin, je n'avais que vingt-six ans et je venais de perdre la meilleure des mères : les sanglots étouffaient ma voix ; je sentais des larmes venir à ma paupière. Je regardai le malade : il pleurait silencieusement ; mes larmes se mêlèrent aux siennes.

Tout à coup je me levai et m'écriai : « Malheureux ! pouvez-vous croire que celle qui a écrit une semblable lettre n'avait pas une âme ? » Il garda le silence et ses larmes coulèrent plus abondamment. Le lendemain, il fit appeler le vieux prêtre et eut avec lui un long entretien. Le surlendemain, j'appris qu'il avait reçu les sacrements. Il vécut encore une semaine. Sa froideur polie n'était qu'un masque cachant un cœur égaré sans doute, mais bon et généreux. Il mourut entre les bras du vieux prêtre et les miens, couvrant de baisers les pieds du crucifix et la lettre de sa mère.

UNE PREMIÈRE COMMUNION À QUATRE-VINGTS ANS

C'était en juillet 1875. Dans un petit village du canton de Castillon, diocèse de Bordeaux, vivait un pauvre vieux ménage octogénaire. Le mari était un impie, connu pour tel dans le pays ; il n'allait pas même à la messe le dimanche. Hélas ! il n'avait pas fait sa première communion. La bonne femme, au contraire, avait toujours été chrétienne, et, avec l'âge, elle était devenue très pieuse. Bien des fois elle avait essayé de faire entendre raison à son mari, qui l'aimait beaucoup ; mais dès qu'elle abordait le chapitre de la confession et de la communion, elle était invariablement repoussée. Un jour elle tomba malade. Le médecin constata bientôt la gravité du mal, et engagea la bonne vieille à mettre ordre à ses affaires. Elle n'eut pas de peine à se résigner, mais son pauvre mari était comme atterré par la perspective de la séparation. Il était à moitié paralysé et cloué, à l'autre bout de la chambre, dans un grand fauteuil, regrettant tout haut de ne pouvoir donner à la chère malade les soins que réclamait son état. La bonne femme était, elle aussi, très désolée, mais pour un motif tout autre : elle pleurait et priait, profondément attristée de laisser derrière elle, non converti et dans un aussi pitoyable état de conscience, celui qui avait été le compagnon de fa vie pendant de si longues années. Au moment de recevoir les sacrements, elle tenta une dernière fois, mais en vain, de ramener son mari au bon Dieu. Cependant celui-ci suivait avec angoisse les progrès du mal Quand il crut que les derniers moments approchaient, il appela deux voisins et leur dit en sanglotant : « Mes amis, portez-moi auprès de ma pauvre femme pour que je l'embrasse avant sa mort et pour que je lui dise adieu. »

Le lit où gisait la moribonde était un de ces grands lits d'autrefois, qui avancent dans la chambre et que l'on peut aborder des deux côtés. En voyant approcher son mari, la femme réunit ses forces et se tourne de l'autre côté. On porte le vieil infirme de ce côté-là ; au grand étonnement de tous, la femme se retourne, en disant : « À quoi bon nous embrasser et nous dire adieu, si nous devons ne pas nous revoir dans l'éternité ? » Le vieil incrédule n'y tient plus. Il fond en larmes. « Si ! si ! ma chère femme, s'écrie-t-il, nous nous reverrons, je te le promets ! Je vais appeler M. le curé tout de suite, et je me confesserai. N'aie pas peur ; je ne veux pas être séparé de toi pour toujours. Moi aussi, je vais servir le bon Dieu. Prie-le qu'il me pardonne. » On était en pleine nuit, et il était trop tard pour faire venir immédiatement le prêtre. Mais, dès le matin, on courut au presbytère. « Venez, vite, monsieur le Curé ! — Comment ! répond celui-ci, elle n'est pas morte ? — Ce n'est pas pour elle, mais pour son mari, qui vous réclame pour se confesser tout de suite. » Le curé accourt. Déjà froide et sans mouvement, la bonne femme vivait encore et avait sa pleine connaissance.

Elle regardait fixement son mari, à l'autre bout de la chambre. En voyant entrer le curé, un éclair de joie brilla dans ses yeux éteints, et, d'une voix mourante, elle murmura : « Je ne voudrais pas m'en aller avant de le voir converti. » Le curé s'assied auprès du vieux mari ; la confession commence ; et, au premier signe de croix, l'heureuse femme rend le dernier soupir... Huit jours après, à la messe du second service funèbre célébré pour sa femme, le pauvre vieillard converti faisait sa première communion, à la grande édification de toute la paroisse.

LA SOUPAPE

Une actrice de Genève avait une petite fille de onze ou douze ans. La mère, tout oublieuse qu'elle était pour elle-même de ses devoirs religieux, se souvint cependant qu'elle était catholique et voulut que son enfant fît et fît bien sa première communion. Elle la conduisit en conséquence chez l'abbé Mermillod [Devenu depuis évêque et cardinal.], l'un des prêtres les plus intelligents et les plus charitables de la ville, et le pria de vouloir bien instruire et préparer sa petite fille. Le prêtre la reçut avec une bonté qui lui fit une vive impression, et il fut convenu que sous peu de jours commenceraient les leçons de catéchisme en présence de la Mère. Quelques jours après cette première entrevue, l'abbé Mermillod, revenant de la visite d'un pauvre malade, passa dans le quartier et dans la rue où demeurait sa petite élève. Il sonna à cette porte peu habituée à des visites de ce genre, et une servante vint ouvrir. Le prêtre se nomma, et la servante le pria d'entrer, disant que sa maîtresse avait donné ordre d'introduire M. l'abbé toutes les fois qu'il se présenterait. Cette bonne fille avait pris la chose à la lettre ; elle conduisit l'abbé Mermillod auprès de la dame, laquelle était à table avec une douzaine de convives, tous acteurs ou actrices, faisant bombance. Le pauvre abbé se trouva fort attrapé et les convives aussi. Il voulut se retirer, s'excusa de la malencontreuse obéissance de la servante ; mais la maîtresse de la maison insista si fort pour qu'il voulût bien demeurer un peu, et elle lui dit, au nom de toute l'assistance, des paroles si honnêtes, que force lui fut de demeurer et de prendre un siège. La petite fille était à table auprès de sa mère et à côté d'une autre actrice qui paraissait avoir a peine vingt-trois ou vingt-quatre ans. L'abbé Mermillod, homme de cœur et d'esprit, n'était pas de ceux qui ont peur des pécheurs.

Il comprit qu'à cette table, au milieu de cette étrange compagnie, il y avait à faire quelque bien et que la Providence ne l'avait pas amené sans motif en pareil lieu. Il répondit donc le plus poliment qu'il put aux avances dont il fut l'objet, et il se gagna bientôt la sympathie des convives. Ne sachant de quoi parler, il entra en conversation avec la petite fille, et lui demanda si elle se préparait à bien faire sa première communion. « Oui, monsieur, de tout mon cœur, dit l'enfant. Mais voici une, ajouta-t-elle en désignant sa voisine, voici une dame qui aurait à vous dire quelque chose et qui n'ose pas. » L'actrice rougit, et avoua avec un peu d'embarras qu'elle désirait beaucoup donner à la petite sa robe blanche de première communion. « C'est là une bonne et aimable pensée, reprit l'abbé ; mais il y aurait, Madame, quelque chose de mieux encore, ce serait d'imiter cette bonne enfant et de remplir comme elle vos devoirs religieux. » La pauvre actrice rougit de plus belle. « Cela m'est malheureusement impossible, dit-elle ; ma profession est mon seul gagne-pain et elle m'interdit la pratique de la religion ; et puis je n'ai pas fait ma première communion. Maintenant je suis trop âgée. — On n'est jamais trop âgé pour revenir à Dieu, répondit doucement le bon prêtre ; et à votre âge, Madame, il n'est jamais impossible de quitter une profession pour en prendre une autre plus chrétienne et meilleure. » « Ma foi, M. l'abbé a raison, dit un acteur en riant, et vous devriez bien vous confesser. » L'actrice ne répondit rien, et la conversation devint bientôt générale ; on interrogeait le prêtre sur la confession, sur la position des acteurs et actrices vis-à-vis de l'Église ; de part et d'autre on ripostait vivement, mais sans aucune aigreur. Le dîner fini, on se leva de table ; les fenêtres de la salle donnaient sur un magnifique lac.

Un bateau à vapeur vint à passer. « Tenez, messieurs, dit l'abbé Mermillod, voici qui va vous faire parfaitement comprendre à quoi sert la confession. Vous voyez ce bateau à vapeur. Une force puissante fait mouvoir sa machine et le fait avancer rapidement ; mais cette force elle-même est un danger, un principe certain d'explosion et de destruction sans ce que l'on nomme la soupape de sûreté. Par cette soupape s'exhale le trop-plein de la vapeur, et le bateau et les voyageurs sont en sûreté. Ainsi en est-il de nous tous. Nous avons en nous des forces puissantes qui sont nos passions ; à ces forces, à ces passions il faut une soupape, une ouverture sans laquelle nous sommes perdus. Eh bien ! cette soupape, c'est la confession, c'est la confidence sainte et pure que Dieu nous a donnée comme le soulagement de nos cœurs, comme la consolation et la purification de nos consciences. Aussi remarque-t-on dans les pays protestants ou infidèles, où la confession est méconnue, beaucoup plus d'aliénations mentales, beaucoup plus de suicides, beaucoup plus d'accidents moraux, que dans les pays où l'on se confesse. » Et l'abbé développa cette thèse avec autant de force que de science, en l'appuyant de nombreux exemples. Il prit enfin congé de la compagnie, qu'il laissa toute charmée de son esprit et de sa bonté. La jeune actrice le reconduisit jusqu'à la porte. « Suivez donc M. l'abbé jusqu'à l'église, lui dit un des acteurs, et allez vous confesser tout de suite. Cela vous fera du bien. — Je ne dis pas non, reprit sérieusement la jeune femme, et je ne vois pas qu'est-ce qui m'en empêcherait. » Et sortant avec le prêtre, elle l'accompagna jusqu'à la porte d'entrée. Se trouvant seule avec lui : « Monsieur, s'écria-t-elle d'une voix tout étouffée de sanglots, Monsieur, vous m'avez sauvée ! C'est la Providence qui vous a envoyé pour moi dans cette maison.

J'étais désespérée ; ce soir, j'avais formé la résolution de me jeter dans le lac et d'en finir avec les douleurs de la vie ; il y a quelques jours j'ai été sifflée sur la scène et je ne veux plus y reparaître. Je n'avais plus de ressource, plus d'amis sur la terre, je voulais me tuer. Maintenant je veux me confesser, je veux me confesser tout de suite ! » Le prêtre calma avec douceur cette pauvre femme, l'encouragea dans son bon propos. Il ajouta quelques conseils chrétiens aux paroles qu'il avait dites pour tout le monde, et la jeune femme prit une heure pour se rendre le lendemain au confessionnal. Grâce à une énergique volonté, elle a quitté le théâtre, et est devenue une bonne et fervente chrétienne.

UNE MÉPRISE QUI PORTE BONHEUR

Un soir de l'année 1855, après une laborieuse journée, l'abbé Baron [C'est celui qui s'est immortalise à la guerre de 1870, par son dévouement héroïque et les services éminents qu'il a rendus à l'armée française. Quand il eut terminé la récitation de son Office, le pieux abbé se mit en route, sans faire attention seulement qu'il pleuvait à verse et que le froid était vif.], alors vicaire à Douai, était rentré dans sa modeste demeure et se reposait de ses travaux apostoliques en récitant l'Office divin. On vint frapper à sa porte ; il ouvrit, et une petite fille se présenta devant lui, le priant de passer, le plus tôt qu'il lui serait possible, chez une pauvre dame qui se mourait et qui demeurait rue ***, n° 28. Le bon abbé voulut interrompre sa prière et se rendre aussitôt avec l'enfant à l'adresse indiquée ; mais la petite messagère lui dit que la chose n'était pas urgente à ce point, et qu'on lui demandait seulement de ne pas remettre sa visite au lendemain, de peur d'accident. Le prêtre prit donc l'adresse de la malade et dit à l'enfant de le précéder et d'annoncer sa visite très prochaine. Il s'agissait de sauver une âme, de consoler une douleur ; qu'est-ce que le froid et la pluie devant un but pareil ? Arrivé dans la rue indiquée par l'enfant, le prêtre entra au n° 18, convaincu que c'était bien là le numéro qu'on lui avait donné. La maison était pauvre ; il n'y avait pas de concierge. Le prêtre monta l'escalier à tâtons et frappa à la première porte qu'il trouva sous sa main. Un homme vint lui ouvrir et, apercevant l'habit ecclésiastique, entra dans une brutale colère, répondit par trois ou quatre injures à la demande polie du charitable prêtre, qui s'informait si ce n'était point ici la chambre de la pauvre femme malade, et enfin lui ferma la porte au nez. Patient et doux comme le divin Maître, le prêtre frappa à la porte suivante, où il ne fut guère mieux accueilli.

Il monta au second étage, un petit garçon était dans le corridor. « Mon enfant, lui dit le bon prêtre, pourrais-tu m'indiquer la chambre d'une pauvre dame qui demeure dans cette maison et qui est bien malade. Elle s'appelle madame Gérard. — Il y a bien à la porte là-bas au bout du corridor une pauvre dame très malade, monsieur le Curé ; papa disait même qu'elle ne passerait pas la nuit ; mais il me semble qu'elle ne s'appelle pas comme vous dites. — Le nom importe peu. Fais-moi le plaisir de me conduire à sa porte. » Et l'enfant le conduisit. L'abbé ouvrit la porte, entra dans la chambre. Auprès d'un lit où était en effet une femme malade à l'agonie, était assis un homme d'une cinquantaine d'années, qui se leva et parut fort étonné à la vue d'un prêtre. Celui-ci le salua avec affabilité et lui demanda comment allait sa pauvre femme ; « car c'est sans doute votre femme, ajouta-t-il, et vous êtes monsieur Gérard ?... — Moi ? répondit brusquement le maître de la chambre ; point du tout. Qui vous a dit de venir ici et de vous mêler de nos affaires ? — Mais on vient de m'envoyer chercher, repartit le prêtre fort étonné. On m'a dit qu'une pauvre dame Gérard, malade à l'extrémité, m'envoyait quérir pour recevoir les derniers secours de la religion. Si je me suis mépris de rue, ou de maison, ou de chambre, il me semble du moins que la pauvre dame que voici n'a pas moins besoin de mon saint ministère. C'est le bon Dieu, sans doute, qui m'a conduit ici et qui a permis cette méprise. » « Oh ! oui, Monsieur ! murmura d'une voix affaiblie la pauvre mourante, c'est Dieu qui vous a conduit ici. — Point du tout, dit le mari avec emportement. Voici plus de dix ans qu'un prêtre n'a mis les pieds chez moi, et vous ne confesserez pas ma femme ; elle est à moi, mêlez-vous de vos affaires ! — Vous vous trompez fort, Monsieur, dit le prêtre avec douceur et fermeté.

Votre femme est à Dieu avant d'être à vous, et vous n'avez pas le droit de disposer de son âme. Si votre femme veut se confesser, je la confesserai ; et mon devoir est de ne l'abandonner que si, de sa propre volonté, elle refuse mon ministère. » Et s'approchant de la malade : « Madame, lui dit-il, désirez-vous vous réconcilier avec Dieu et mourir chrétiennement ? » La pauvre femme leva les mains au ciel et se mit à pleurer de joie. « C'est le bon Dieu qui a tout fait, dit-elle. Depuis plusieurs jours je prie mon mari d'appeler un prêtre, et il m'a toujours refusé. Je veux me réconcilier avec le bon Dieu, qui a eu pitié de moi. — Vous l'entendez, Monsieur ? dit le prêtre en se tournant vers le mari : veuillez pour quelques moments me laisser seul avec cette pauvre dame. » — Et ces paroles furent prononcées avec tant de fermeté et de résolution, qu'il fut comme forcé de se retirer ; ce qu'il fit en grommelant. « Voici, Monsieur, ce qui m'a sauvée, » dit en pleurant la mourante. Et montrant au prêtre un chapelet suspendu auprès de son lit : « J'ai eu la faiblesse de craindre mon mari plus que Dieu, et pour éviter des scènes, j'ai depuis dix ou onze ans abandonné la pratique de mes devoirs religieux ; mais je n'ai jamais cessé de me recommander à la bonne sainte Vierge. Tous les jours, ou à peu près, j'ai dit un bout de mon chapelet, et j'ai toujours conservé l'amour de la sainte Mère de Dieu. C'est elle, Monsieur l'abbé, qui vous amène à moi ; c'est elle qui sauve ma pauvre âme !... » Profondément touché de cette scène attendrissante, le bon prêtre consola la malade, l'aida à se confesser, lui donna l'absolution de ses péchés, et lui dit, en la quittant, de se préparer de son mieux à recevoir le saint Viatique et l'Extrême-Onction, qu'il allait chercher à la paroisse voisine. En sortant, il voulut serrer la main du mari qui la retira, et qui rentra fort mécontent auprès de son heureuse femme.

L'abbé avait regardé dans son calepin l'adresse de la malade, pour laquelle on était venu le chercher, et il avait vu qu'au lieu du n° 18, c'était le n° 28 qui lui avait été indiqué. Tout en bénissant le bon Dieu de son erreur bienheureuse, il se hâta d'aller à ce n° 28, où il trouva en effet la malade qui l'attendait. Il la confessa a son tour, puis, sans perdre de temps, il alla réveiller le sacristain de la paroisse ; et prenant le Saint-Sacrement avec les saintes huiles, il revint auprès de ses deux malades ; mais quand il entra à son cher n° 18, sa pénitente venait d'expirer — Elle avait eu dans l'absolution sacramentelle le pardon de ses péchés, et la ferveur de sa bonne volonté avait sans doute suppléé aux yeux du Dieu de miséricorde aux autres secours que le prêtre lui apportait. Rempli de foi et de reconnaissance envers la sainte Vierge, refuge des pécheurs, consolatrice des affligés, le ministre de Dieu termina auprès de l'autre malade ce qu'il avait à faire ; et c'est lui-même qui a donné tous les détails de cette touchante aventure. Elle montre une fois de plus quels trésors de bénédiction sont renfermés dans la piété envers Marie, et combien Jésus est miséricordieux pour ceux qui aiment sa Mère.

HÉROÏSME D'UN JEUNE NÉOPHYTE

Dans un émouvant récit, le P. Hermann a raconté le baptême et la conversion d'un de ses neveux, né comme lui dans. la religion juive. Rien de plus édifiant que cette histoire, dont les détails semblent nous reporter aux premiers temps du christianisme. Il y a quelques années, dit-il, un enfant, alors âgé de sept ans, vint avec son père et sa mère, tous les deux juifs comme lui, me visiter au monastère des Carmes, près de la ville d'Agen. C'était à l'époque des belles processions de la Fête-Dieu. On avait inspiré à cet enfant une profonde horreur pour notre divin Crucifié : cependant la grâce, se répandant avec profusion du fond de l'ostensoir où Jésus daigne se cacher pour notre bonheur, se rendit victorieuse de cette âme si naïve, si inaccoutumée à nos mystères ; elle attira ce jeune cœur à son amour avec une si forte véhémence et une si forte douceur que l'enfant crut à la présence réelle de Jésus-Christ dans le sacrement de son amour avant de connaître aucune autre des vérités de notre divine religion. Aussi, à force de prières et de supplications, obtint-il l'insigne faveur de pouvoir revêtir les ornements d'un de ces enfants de chœur qui, pendant les processions du Très Saint-Sacrement, répandent des fleurs sous les pas de Jésus-Hostie. Ravi de joies et de consolations célestes, après avoir rempli cette angélique fonction, il courut à son père : « Ô mon père ! dit-il, quel bonheur ! Je viens de jeter des fleurs au bon Dieu. » Dans la bouche de ce petit enfant juif, c'était toute une profession de foi nouvelle... Le père, redoutant qu'on ne fît changer de religion à ce fils unique sur lequel reposait toute son affection, le surveilla dorénavant et voulut repartir avec lui pour Paris, lieu de sa résidence.

Mais, avant le départ, un trait, parti du cœur de la divine Eucharistie, avait frappé, pénétré, presque renversé la jeune mère, l'avait rendue chrétienne et, dans le plus profond mystère d'une nuit silencieuse, celle-ci avait reçu le baptême et l'Eucharistie des mains sacerdotales de son propre frère [Le R. P. Hermann, qui raconte ce fait.]. Le jour suivant, l'Évêque lui donnait le sacrement de confirmation. Rien n'avait transpiré de ce pieux secret et la famille se remit en route pour Paris, sans se douter qu'il y eût une chrétienne dans son sein. Le jeune Georges — c'est le nom de l'enfant — ne put oublier les saintes impressions que son âme avait puisées dans ces fêtes chrétiennes ; il en parla souvent à sa mère, il la questionna, et celle-ci, heureuse de voir germer dans cette chère âme la semence de lumière que la grâce y avait jetée, ne se fit pas prier pour développer dans son esprit, avide de s'éclairer, la connaissance de ce Dieu d'amour, de ce doux Jésus qui a voulu naître d'une fille de Jacob et se faire homme pour sauver les brebis d'Israël... Dès ce moment, en effet, sa jeune intelligence et son cœur ardent n'étaient plus occupés que de la pensée et du souvenir de la divine Hostie qui avait blessé d'amour son pauvre cœur, et chaque soir, après s'être assuré que son père était endormi, il rouvrait les yeux, il se mettait à prier longtemps le doux Enfant Jésus et à bien apprendre son catéchisme. « Ô mon Jésus ! disait-il, quand donc mon jeûne finira-t-il ? quand donc pourrai-je vous recevoir dans la sainte Communion et vous presser sur mon cœur ! » Ce qui le préoccupait vivement, c'était le changement qu'il avait remarqué dans sa mère depuis ce voyage dans le Midi ; il lui voyait d'autres habitudes, d'autres démarches, des principes et des goûts plus sévères, et un jour il lui dit : « Mère, si vous ne m'assurez que vous n'êtes pas baptisée, je le croirai. »

La mère, embarrassée, ne sut que répondre. « Ah ! maman, reprit-il, je le vois bien, vous êtes déjà chrétienne et j'espère que le bon Jésus me réunira bientôt à vous et que nous ferons ensemble notre première communion... » La mère, tressaillant d'une émotion mêlée de joie et de crainte, osa avouer à son fils qu'elle recevait son Sauveur presque chaque matin... Alors l'enfant se mit à pleurer à chaudes larmes, à sangloter, à se jeter au cou de sa mère : « Oh ! pourquoi ne m'avez-vous pas attendu ? Au moins permettez-moi de me tenir tout près de vous quand Jésus sera dans votre cœur, afin que je puisse embrasser avec respect ce divin Enfant si aimable... Ô mère bien-aimée, je vous en supplie, la prochaine fois, gardez-moi quelque chose de votre communion ; une mère partage volontiers avec son enfant sa nourriture.. » Et le jeune enfant se rapprochait alors de sa mère et baisait avec respect ses vêtements. Ce désir dura quatre années tout entières. Dire les sacrifices, les efforts que dut faire ce pauvre enfant pour concilier l'obéissance qu'il devait à son père avec sa foi vive, sa préoccupation unique de devenir chrétien, d'apprendre à connaître, à aimer, à servir Jésus-Christ, serait chose impossible. Ce fut un long martyre... À onze ans, Georges assiste à la solennité d'une première communion dans sa paroisse. Il connaît Jésus, il aime Jésus, il ne désire que Jésus !... son petit cœur est tout brûlant de soif pour Jésus. Il voit tous ses compagnons d'enfance, ses amis, s'approcher légitimement de la table sainte, et lui, il doit se cacher dans un coin obscur de l'église, dévorant ses larmes, lançant à tous ces heureux enfants des regards d'une inconsolable et sainte jalousie !... Quelques mois après cette fête de sa paroisse, la mère m'écrivait qu'elle ne pouvait résister aux larmes de son fils qui menaçait d'aller demander le baptême au premier prêtre qu'il pourrait attendrir sur son sort.

On pesa mûrement toutes les difficultés de sa position vis-à-vis d'un père chéri, mais pour qui l'heure de la foi en Jésus-Christ n'avait pas encore sonné et qui s'armait de toute son autorité pour empêcher son fils de devenir chrétien. L'amour de Jésus-Christ fut le plus fort, et il fut décidé que je viendrais en secret a Paris. Il fallait le voir, cet enfant, lorsqu'il entra dans la chapelle, conduit par sa mère ! Celle-ci tremblait d'être surprise dans cette pieuse soustraction à la surveillance paternelle. Avec quelle piété le petit Georges se mettait à genoux, calme, heureux, fort de sa résolution, le visage rayonnant d'une sainte allégresse ! — Que demandez-vous, mon enfant ? lui dis-je alors. — Le baptême. — Mais savez-vous bien que demain, peut-être, on voudra vous contraindre à entrer dans la synagogue, afin de participer à un culte aboli ? — Ne craignez rien, mon oncle, j'abjure le judaïsme. — Mais si l'on voulait avec menaces vous obliger à fouler aux pieds le Crucifix, en haine de notre divine religion ? — N'ayez pas peur, mon oncle, je mourrais plutôt. Cependant, ajouta-t-il, si on me liait pieds et mains, et si malgré mes cris, ma protestation et ma résistance, on me portait dans la synagogue et on plaçait mes pieds sur le visage du Crucifix, y aurait-il apostasie, si ma volonté résistait ? — Non, mon enfant, la volonté seule constitue le péché. — Alors, je demande le baptême. De grâce, accordez-le-moi. » La cérémonie continue au milieu de la plus profonde émotion des assistants. Après le baptême, vint la sainte messe, et après avoir faire descendre et reçu mon Dieu dans les transports de la reconnaissance, je me retournai et montrai à l'heureux enfant l'objet de tous ses voeux, de tous ses désirs.

Jamais spectacle plus attendrissant n'avait frappé les regards de la foi chrétienne !... Agenouillé entre sa mère et sa marraine, il aspira dans un divin baiser et recueillit dans son cœur ce doux Jésus qui venait lui apporter tout son ciel avec lui... Rien ne troubla son bonheur, pas même la crainte d'être surpris par son père... Quelques semaines après, il communia encore pour la Toussaint avec la même allégresse, et puis vint l'heure de l'épreuve. Son père lui présenta un livre et lui dit : « Faisons la prière. — Mon père, je ne puis pas prier dans ce livre des Israélites. — Et pourquoi ? — Je suis chrétien, je suis catholique. — Mon enfant, tu te livres à un jeu cruel ! tu ne parles pas sérieusement, je pense. Du reste, tu sais bien que ton baptême ne serait pas valide sans le consentement de ton père. — Pardon, mon père, dans notre sainte religion catholique, il suffit d'avoir l'âge de raison et l'instruction religieuse pour être baptisé validement. » Le père dissimula d'abord sa violente irritation ; mais quelques jours après, il enlevait son fils, partait avec lui et le conduisait dans un pays protestant, à quatre cent cinquante lieues de sa mère. Tous les efforts qu'on fit pour découvrir l'asile où l'on avait relégué le pauvre enfant demeurèrent inutiles. On avait mis en mouvement toutes les autorités civiles et politiques pour le chercher ; mais comme il avait été placé sous un nom supposé dans un pensionnat dirigé par des hérétiques, toutes les démarches furent sans succès, et la mère resta seule... et l'enfant, comme Daniel dans la fosse aux lions, fut en butte à des assauts acharnés pour lui faire renier sa foi. « Je voudrais revoir ma mère, s'écriait-il souvent en versant d'abondantes larmes.

— Tu la reverras, lui répliquait-on, si tu abjures. — Oh ! non, je suis chrétien, je suis catholique et je préfère tout souffrir plutôt que de renoncer à ma foi. » Et malgré cette héroïque fidélité, on écrivait à la mère que son fils était rentré dans les ténèbres du judaïsme. Mais elle avait confiance en Jésus, en Marie, en Joseph, elle n'en crut rien, et ne sachant que devenir toute seule à Paris, elle alla se réfugier à Lyon, où elle fut accueillie par la marraine de son fils. Bien souvent, on vit tomber ses larmes sur la Table Sainte où elle venait puiser des forces dans la réception du Pain quotidien, de ce Jésus pour l'amour duquel elle s'était exposée à la cruelle séparation de son fils unique. Trois mois se sont écoulés encore, et une lettre venue du fond de l'Allemagne lui dit : « Venez, votre fils est ici. » Elle accourt, et après un pénible et long voyage de plus de cinq cents lieues, au moment où elle aperçoit sa famille, elle s'écrie : « Mon fils ! où est mon fils ? — Votre fils, vous ne le reverrez qu'après avoir fait serment devant Dieu que vous l'élèverez dans la religion juive et que vous ne manifesterez par aucun signe extérieur la religion catholique que vous avez embrassée. » Après quelques semaines d'une déchirante agonie, le cœur du père se laisse attendrir, et il permet une entrevue en sa présence, à la condition qu'il ne sera point question de religion. Le fils s'est jeté au cou de sa mère, celle-ci l'a baigné de ses larmes, ils n'ont pu prononcer les doux noms de Jésus et de Marie ; mais dans une lettre, ma pauvre sœur me disait : « Il n'a rien pu me dire, mais j'ai compris, j'ai senti, je suis sûre qu'il est resté fidèle.

Oui, j'ai senti dans ses regards, dans ses tendres baisers que mon fils est toujours chrétien. » Mais le pauvre Georges se trouva de nouveau privé du trésor pour lequel il avait affronté toute cette persécution religieuse : il s'était fait chrétien pour pouvoir communier, et voici que depuis la Toussaint jusqu'à Pâques une sévère surveillance l'avait empêché de se rendre à l'église et il se trouvait placé dans une pension, dans une ville où il n'y avait pas un seul prêtre catholique... Peut-on se figurer cette torture ?... Plusieurs mois se passent encore. Un jour, (jour secrètement fixé d'avance), il parvient enfin à se soustraire à la surveillance de ceux qui le gardent, il va jouer dans un bois ; mais ce ne sont pas des fleurs ni des papillons qu'il cherche ; son regard ému attend un messager du ciel... Un monsieur passe près de lui et le regarde avec un intérêt marqué : c'est bien lui. Savez-vous qui c'était ? C'était un prêtre missionnaire que la mère du petit Georges avait attendri sur son sort. Il s'était déguisé et était venu se promener, comme par hasard, dans ce même bois, et le pauvre enfant put faire pour la première fois sa confession depuis son enlèvement, qui remontait à dix mois. Il la fit dans un bois, à l'ombre d'un arbre protecteur... Mais ce n'était pas tout : comment communier ? Le prêtre dut repasser le fleuve (l'Elbe) qui séparait sa mission du lieu habité par le pauvre néophyte. On pria, on étudia le terrain, et enfin, quelques jours après, le missionnaire se déguisa de nouveau, prit sur lui un petit vase d'argent renfermant tout le trésor des cieux, la sainte Hostie, et s'embarqua sur un bateau à vapeur, au milieu d'une foule stupide qui ne se doutait pas que Jésus-Christ, vrai Dieu et vrai homme, était caché sur la poitrine de cet heureux prêtre.

L'enfant avait pu s'échapper de l'école pour accourir dans la chambre de sa mère, et là, dans cette chambre où il avait improvisé un petit autel couvert de fleurs et de lumières, tous deux à genoux ils attendaient la visite si ardemment désirée du Sauveur Jésus en personne qui voulait bien condescendre à venir les fortifier dans leur exil. Enfin le prêtre, traversant sans obstacle tous les dangers de cette périlleuse entreprise, arriva avec son dépôt précieux, et dans ce pays sans foi, dans cette ville sans prêtre, sans église catholique, et dans cette modeste chambre, l'enfant put accomplir le devoir pascal et s'unir à son Jésus. Voici ce qu'il m'écrivit quelques jours après : « Quand je me réveille la nuit, ô mon cher oncle, pour penser à toutes les grâces que le bon Jésus m'a faites depuis que je suis ici, loin de tout secours religieux, quand je pense surtout à la communion que j'ai pu faire presque miraculeusement dans la petite chambre de maman, je me mets à bondir de joie sur mon lit et à mordre ma couverture dans le transport de ma reconnaissance. » Quelques mois après, il m'écrivait encore : « Nous sommes à la veille de Noël, et à l'approche de cette solennité la surveillance redouble pour m'empêcher de recevoir mon Dieu. Hélas ! devrai-je passer ces belles fêtes dans un douloureux jeûne, privé du pain de vie ? Priez le saint Enfant Jésus que mon jeûne finisse bientôt. Il faut que je sois bien sage pour dédommager maman de ne pas se trouver à Lyon pendant que vous y prêchez. » Ici se termine le touchant récit du P. Hermann. Depuis lors, Georges a été rendu à sa mère, et ils ne se sont plus séparés.

Le bon religieux revit, trois ans après lui avoir donné le baptême, cet enfant chéri qu'il ne cessa de diriger jusqu'à sa mort.

LES DEUX AMIS

Il y a quelques années, en me rendant à Paris, raconte un homme du monde, je me détournai de la route directe pour aller prier sur la tombe d'un de mes jeunes compatriotes, Alexis ***. Descendu de voiture, j'étais bientôt arrivé au cimetière. Je me mis à le parcourir dans toutes les directions, m'arrêtant devant chaque tombe, lisant toutes les inscriptions sans pouvoir découvrir le nom que je cherchais. Je commençais à désespérer d'y parvenir, quand j'aperçus un officier qui était à l'extrémité opposée. J'allai droit à lui : nous nous rencontrâmes près d'une place où la terre avait été fraîchement remuée ; au milieu, une petite croix de bois apparaissait à peine entre quelques rares gazons. Nous échangeâmes un salut ; je prononçai le nom d'Alexis. « C'était mon meilleur ami, dit-il ; vous le connaissiez donc ? — Je suis entré ici pour chercher sa tombe et pour y prier. — Et voici précisément le lieu où il repose. » Ce mot dit, il s'agenouilla ; j'en fis autant ; nos prières s'élancèrent à la fois du fond de nos cœurs vers le ciel. Quand nous fûmes relevés : « J'avais encore un autre désir, lui dis-je, et il est en votre pouvoir de l'accomplir. Vous étiez, m'avez-vous dit, l'ami intime d'Alexis ; vous avez sans doute assisté à ses derniers moments ; ce serait une consolation pour moi que d'en entendre le récit de votre bouche. — Vous ne pouviez vous adresser mieux qu'à moi, monsieur. Mais, pour apprécier combien sa mort a été belle, il est nécessaire de remonter plus haut. Je vous raconterai l'histoire de quelques années de sa vie ; ce sera la mienne aussi. « Nous sommes entrés le même jour, Alexis et moi, à l'École militaire ; dès notre première entrevue, une secrète sympathie nous attira l'un vers l'autre.

Nous eûmes le bonheur d'entrer dans le même régiment. Il eût été difficile de se figurer deux caractères mieux en harmonie que les nôtres. Graves, sérieux, réservés, nous prenions en horreur les plaisirs coupables. Nous ne trouvions aucun attrait pour les plaisirs bruyants. Nous ne quittions l'étude que pour discourir entre nous des matières que nous venions d'apprendre, et, chose déplorable ! nous n'avions de foi qu'en nous-mêmes, et toutefois, sur ce point-là même, il y avait entre nous une grande différence. Alexis était incrédule, moi j'étais impie. S'il m'arrivait de tourner en dérision des choses saintes, cet excellent Alexis me blâmait ; il m'adressait des reproches sévères, bien que toujours affectueux. L'hiver venu, nous allâmes, chacun de notre côté, en semestre. À notre rentrée au régiment, après quelques paroles d'amitié échangées entre nous, « Eh bien, Alexis, lui dis-je en souriant, as-tu fait tes Pâques avant de partir ? — Non, répliqua-t-il d'un ton sec qui indiquait assez que la question lui avait déplu. — Je veux parier avec toi, repris-je, que ta mère t'aura bien persécuté pour cela. — Elle m'y a exhorté tendrement ; mais je lui ai dit que j'avais trop peu de foi pour bien communier, et que, grâce à Dieu, j'en avais encore assez pour ne vouloir pas communier mal. Prenez patience et priez pour moi, en attendant qu'il me soit possible de vous satisfaire : ce jour ne tardera pas à venir, je l'espère. Oui, je l'espère ! » répéta-t-il en se tournant vers moi et en appuyant fortement sur ce dernier mot. « En ce moment, je ne sais quel génie infernal s'empara de moi : sans respect pour l'amitié, sans égard pour les lois de la politesse, j'éclatai grossièrement de rire. Mais je ne tardai pas à m'en repentir, quand je vis quelle blessure mon indigne conduite avait faite à son cœur.

« Tu m'as fait de la peine, me dit-il. Ce n'est pas bien... je ne m'attendais pas à cela de ta part... moi qui te croyais un si bon cœur... » Tels furent ses reproches ; il y avait à la fois dans l'accent de sa voix et dans l'expression du regard qui l'accompagnait quelque chose de si profondément triste et douloureux, que je fus saisi de confusion. « J'ai eu tort... me pardonneras-tu ?... cela ne m'arrivera plus... » Je ne pus en dire davantage ; lui, aussitôt ... l'excellent homme ! de m'ouvrir ses bras, dans lesquels je me précipitai : notre amitié était devenue plus étroite que jamais. « Un jour, nous étions allés ensemble à l'hôpital visiter quelques-uns de nos soldats. Un de ces malheureux venait de rendre le dernier soupir. « C'est triste, dis-je à Alexis, de voir un militaire mourir dans son lit comme une vieille femme. Je ne connais qu'une belle mort pour nous autres... le boulet de canon ! — Si on est préparé, reprit-il ; car pour moi, je ne connais pas de mort plus triste que celle qui vous frappe en traître... — Je t'entends, tu ne voudrais pas mourir sans confession... — Pauvre ami !... Ainsi donc, incorrigible !... Tu m'avais cependant promis... » Et après un court intervalle de silence : « Tu l'as dit, je désire et je désire vivement ne pas mourir sans confession... J'ai même... il faut que tu l'entendes de ma bouche... j'ai pensé que si je venais quelque jour à tomber malade, je m'adresserais a toi pour aller chercher un prêtre ; et je puis compter que tu me rendras ce service, n'est-il pas vrai ? » Il remarqua la surprise que me causait une telle demande ; il insista : « Tu me le promets, mon ami ?... » Et il me tendit la main... J'hésitai encore ; mais la pensée que mon refus affligerait ce bon ami l'emporta en ce moment sur toute autre considération : je pris sa main, je la serrai dans les miennes ; je lui promis, de mauvaise grâce, il est vrai, ce qu'il me demandait ; mais il n'eut pas l'air de s'en apercevoir, et il me remercia affectueusement.

« Dès que le pauvre Alexis fut atteint de la maladie dont il mourut, je ne le quittai plus. Je m'étais établi dans sa chambre ; le jour, j'étais constamment à le garder ; je le veillai toutes les nuits. Un matin, le médecin venait de faire sa visite accoutumée. Il avait remarqué un grand changement en lui ; des symptômes fâcheux s'étaient manifestés ; ses traits étaient visiblement altérés. Alexis se tourna vers moi, souleva péniblement sa tête appesantie et s'efforça vainement de parler ; ses regards inquiets m'interrogèrent ; il me sembla qu'il me disait : « Tu as oublié ta promesse... Et moi qui avais compté sur ton amitié !... — J'y vais, j'y vais ! » Je ne dis que ce mot, et j'étais parti comme un trait. En entrant chez le curé de la paroisse, je me sentais combattu entre le sentiment de la piété fraternelle et je ne sais quelle mauvaise honte. « Monsieur, lui dis-je, j'ai un ami dangereusement malade ; il m'a demandé de vous aller chercher : je n'ai pu qu'obéir ; car le vœu d'un ami, et surtout d'un ami mourant, est une chose sacrée. » Nous nous dirigeâmes vers la maison du pauvre malade ; j'introduisis le prêtre dans la chambre, et je les laissai seuls. « Après une demi-heure d'attente, je fus rappelé ; une cérémonie religieuse se préparait. J'étais debout au pied du lit. Au moment où elle commença, je délibérais en moi-même si je garderais la même attitude. Mais si je me comporte ainsi, ne vais-je pas blesser le cœur de mon ami ?... Je n'hésitai plus ; mon genou orgueilleux fléchit, et il resta ployé pendant tout le temps que le prêtre fit les onctions sacrées. Et cependant, à quoi pensais-je dans un tel moment ?... À prier ?... Hélas ! je n'en avais plus le souci ; j'étais à me demander comment un esprit aussi distingué que l'était Alexis pût être dupe de semblables momeries.

Telles étaient les détestables pensées qui m'obsédaient ; voilà en quel abîme j'étais tombé, ô mon Dieu !... « Il ne restait plus qu'à accomplir une dernière cérémonie, la plus importante de toutes. Le prêtre ouvrit une boîte d'argent ; il en tira avec respect une hostie consacrée, et la présenta au malade, qui recueillit un reste de forces et se souleva pour recevoir son Dieu. Je le regardai. Oh ! comment rendre l'impression dont je fus saisi à son aspect ? Ses mains s'étaient jointes, et elles s'élevèrent au ciel, et ses yeux aussi. Comme une glace limpide, ils réfléchissaient les plus belles vertus, la foi, l'espérance et l'amour... Je baissai la tête : un sentiment inconnu, nouveau, avait traversé mon esprit ; pénétré d'admiration pour mon ami, j'en étais venu à rougir de moi-même. « Après que le curé se fut retiré, Alexis me tendit la main ; je l'arrosai de mes larmes. « Mon ami, dit-il, je te remercie ; je n'avais pas attendu moins de toi !... » Et, après une courte pause, il ajouta : « Je suis heureux maintenant ! » Qui pourrait produire l'accent avec lequel il prononça ses paroles ? ... Ce n'était pas l'accent d'un homme, non : si les anges ont une langue pour exprimer leurs pensées, c'est ainsi qu'ils parlent. « Je suis heureux ! » Pauvre jeune homme ! Et il se voyait mourir à la fleur des ans, lui, doté des dons les plus précieux de l'esprit et du cœur, lui, chéri de ses amis, adoré de sa famille ! et il mourait loin de celle-ci, il mourait lentement, dans des souffrances aiguës ! Qui donc pouvait lui inspirer des sentiments semblables ?... Qui ?... À la foi seule il appartient de répondre à cette question. « Et la religion qui opère un tel prodige serait-elle donc un jeu d'enfant ?...

Non, me disais-je, elle est réellement divine... Il pressentait ce qui se passait au dedans de moi, et il m'interrogea d'un regard ; je lui avouai tout en fondant en larmes. « Mon Dieu, s'écria-t-il, je vous bénis ! C'est maintenant que je puis le dire en toute vérité et dans l'effusion de mon cœur : Je suis heureux ! » « Pendant la première période de sa maladie, la douleur arrachait à Alexis d'assez fréquentes marques d'impatience ; maintenant, pas un murmure, pas une seule plainte. Il semblait que le Dieu qui venait de descendre dans son sein y eût déposé un trésor de douceur, de résignation et de paix. Ainsi se passèrent ses derniers jours. Vous n'exigerez pas, monsieur, que je m'étende davantage sur cette douloureuse catastrophe. Hélas ! quand je m'y porte par la pensée, les paroles me manquent pour rendre ce que je sens ; je ne sais plus m'exprimer que par mes larmes. » L'officier s'était tu, sa tête s'était inclinée sur sa poitrine. Je respectai son silence. Il reprit la parole et continua : « Après que nous lui eûmes rendu les derniers devoirs, au retour de la cérémonie funèbre je m'enfermai dans ma chambre et j'y restai jusqu'au soir. À l'entrée de la nuit j'allai chez le curé. « Monsieur, lui dis-je en entrant, je viens vous remercier... — Et de quoi donc ? interrompit-il avec un accent gracieux ; je n'ai fait que mon devoir ; c'est là une des fonctions les plus essentielles de notre ministère, et une des plus douces aussi quand nous trouvons des âmes disposées à l'accueillir comme l'était votre ami. Oui, j'en ai la ferme conviction, nous pouvons compter en lui un protecteur dans le ciel — — Monsieur, c'est à moi plutôt à vous remercier...

Je vois que vous ne soupçonnez pas le véritable motif qui m'amène ici... Pendant que vous administriez les derniers sacrements à mon ami, j'étais là (vous vous le rappelez peut-être) à genoux au pied de son lit. J'étais tombé à terre incrédule ; je l'ai vu communier et je me suis relevé chrétien. Chrétien ! qu'ai-je dit ? Ah ! je ne le sens que trop, je suis indigne de porter un si beau nom. — Je puis dès ce moment vous le donner, ce nom, » dit le prêtre ; et me serrant tendrement entre ses bras : « Oui, mon frère ! mon cher frère ! quiconque veut sincèrement revenir à Dieu, celui-là est réellement et dans toute la force du terme un chrétien. — Maintenant, mon Père, j'avais un second but en venant vous voir. J'ai préparé ma confession tout à l'heure, et je vous prie de m'écouter — Et, sans attendre de réponse, j'étais tombé à ses pieds. Que vous dirai-je de plus, monsieur ! De ce jour date ma conversion... »

TEL EST PRIS QUI CROYAIT PRENDRE

Ô Jésus ! on me demande de parler, de dire comment je suis redevenu chrétien. On m'affirme que c'est pour la gloire de votre Sacré Cœur... Dès lors, comment résister ?... Je parlerai donc ; et puissent beaucoup de pécheurs que je connais, qui sont mes amis, dont l'âme m'est infiniment chère, se convertir comme moi ! De ma première enfance il ne me reste que des souvenirs très vagues ; cependant je vois toujours une grande image qui surmontait la statue de la Vierge, et devant laquelle ma mère me faisait prier : c'était Jésus montrant son Cœur. Cette image me fascinait en quelque sorte, parce que ma mère me disait : « Jésus te voit, et si tu n'es pas sage, il te chassera de son Cœur. » Le soir de ma première communion, quand, selon la coutume, nous nous agenouillâmes pour la prière en famille, je promis bien à Jésus de l'aimer toujours : en retour, je lui demandai de me garder dans son Cœur... Mais, hélas ! les passions l'emportèrent bientôt, je le dis pour l'instruction des jeunes gens ; je fus victime de ces deux fléaux terribles qui, de nos jours, les font mourir presque tous à la vertu et à l'honneur : les mauvaises compagnies et les lectures dangereuses. À vingt ans, j'étais le premier débauché de ma ville natale. Pendant trente ans, j'ai entassé crimes sur crimes... Je fus soldat, et Dieu sait la vie que j'ai menée !... On m'envoya en Afrique à cause de ma mauvaise conduite. N'osant plus me montrer à ma famille, j'y restai longtemps ; il fallut revenir cependant. Que faire ? Me voilà ouvrier errant, cherchant de l'ouvrage de ville en ville, obligé parfois de tendre la main, couvert de honte. J'étais descendu aux derniers degrés de l'impiété ; je me traînais dans la fange des passions.

Ah ! je rougis en écrivant ces lignes. Mais c'est pour la gloire de votre Sacré Cœur, ô Jésus !... Paray-le-Monial, comme par hasard, se trouve sur ma route. La ville était en fête ; des oriflammes brillaient aux fenêtres ; des arcs-de-triomphe étaient dressés ; une foule immense remplissait les rues ; l'air retentissait d'un chant qu'il me semble entendre encore : « Dieu de clémence, ô Dieu vainqueur !... » Surpris, je m'adresse à une pauvre femme : — Qu'est-ce donc, lui demandai-je ? — Comment ! vous ne savez pas ? C'est le grand pèlerinage... — Ah !... quel pèlerinage ? pour quoi faire ? — Mais pour honorer le Sacré Cœur de Jésus ! — Le Cœur de Jésus ! où est-il donc ? Peut-on le voir ?... — Vous savez bien que non ; mais il s'est manifesté à une religieuse de la Visitation, à la Bienheureuse Marguerite-Marie ; il lui a recommandé de le faire honorer par les hommes. — Où est-elle, votre Visitation ? Et, sur les indications de la pauvre femme, je me dirige de ce côté : tous les sarcasmes, lus dans les journaux de cabarets contre les pèlerinages, me revenaient a l'esprit ; je regardais avec ironie ces hommes qui marchaient gravement, une croix rouge sur la poitrine ; et malgré tout cela, j'éprouvais une certaine émotion. En passant à côté d'un groupe de jeunes gens, je fus même frappé de ces paroles : Pitié, mon Dieu ! pour tant d'hommes fragiles Vous outrageant sans savoir ce qu'ils font ! Faites renaître en traits indélébiles Le sceau du Christ imprimé sur leur front.

J'arrive à la Visitation ; je veux pénétrer dans la chapelle ; mais elle était pleine. En attendant que la foule se fût écoulée, je regardais autour de moi ; à quoi pensais-je ? Je ne m'en rends pas compte. Mes regards sont attirés par de grands tableaux en toile blanche sur lesquels des inscriptions étaient gravées en lettres rouges. Je lis : Promesses de Notre-Seigneur Jésus-Christ à la Bienheureuse Marguerite-Marie. Je passe d'un tableau à l'autre, c'étaient des phrases absolument vides de sens pour moi..., des mots auxquels je ne comprenais rien : grâce, ferveur, miséricorde, tiédeur, perfection !... Mais tout à coup une ligne me frappe : Je donnerai aux prêtres le talent de toucher les cœurs les plus endurcis. Toute mon impiété me saisit. Toucher les cœurs les plus endurcis ! Voilà ce qu'ils écrivent !... Eh bien ! nous verrons... Pourquoi ne pas essayer ? Prenons-les au mot. Demandons un prêtre... Quelle parole pourra bien lui être inspirée pour toucher un cœur endurci comme celui-là ?... Et je ricanais en me frappant la poitrine. Au même moment, une religieuse passait à côté de moi ; je me retourne brusquement : — Je voudrais parler à un prêtre, à un prêtre de Paray-le-Monial. Elle m'introduit dans une petite chambre dont les murs, blanchis à la chaux, portaient des inscriptions noires ; je n'y fais pas attention. J'avais ma fameuse phrase comme une arme invincible contre tous les pèlerins du monde ! et je répétais en riant : Je donnerai aux prêtres le talent de toucher les cœurs les plus endurcis. Que va-t-il me dire ? Bientôt, un prêtre entre. Nous sommes en face l'un de l'autre.

Quelques secondes s'écoulent... Il me regarde, attendant que je lui parle. Moi, je n'avais dans tout mon être que l'impiété et l'ironie ; et pourtant un tremblement passager me saisit. Le prêtre s'en aperçoit : — Eh bien ! mon ami, me dit-il. Ce seul mot me rend tout mon aplomb et toute mon arrogance. — Votre ami !... Ah ! vous ne me connaissez guère. Je n'ai pas la foi, moi ! Je ne crois pas un mot de tout ce que vous me dites, et de tout ce que vous écrivez. Appelez-moi excommunié, mécréant, païen, tout ce que vous voudrez ; mais votre ami ! à d'autres... Longtemps je lui parle sur ce ton. La phrase lue sur le tableau blanc retentissait à mes oreilles avec l'ironique question : « Que va-t-il me dire ? » Le prêtre était devenu pâle ; mais pas un geste d'indignation ne s'était manifesté en lui. Sans répondre à mes propos impies, il me fait de nombreuses questions. Je riais... il le voyait bien ; mais il ne comprenait pas le signe de tête qui accueillait toutes ses demandes, et qui voulait dire : « Ce n'est pas cela ! » J'étais vainqueur... je triomphais. J'allais éclater de rire et lui avouer tout... quand, soudain... ah ! j'en frémis encore : — Mon ami, avez-vous toujours votre mère ? Dieu ! quelle réaction se produit en moi ! Cœur de Jésus, vous m'attendiez là ! Mon cœur se fond : les larmes jaillissent ; mon corps tremble. — Ma mère ! vous me parlez de ma mère ! Mais c'est vrai !... le Sacré Cœur de Jésus !... Oh ! je vois l'image devant laquelle je m'agenouillais petit enfant, à côté de ma mère ! ... Je relis ces lignes que sa main mourante m'a écrites, malheureux ! auxquelles je ne fis presque pas attention : « Mon enfant, je t'écris de mon lit d'agonie ; je meurs du chagrin que tu m'as causé ; mais je ne te maudis pas, parce que j'ai toujours espéré que le Sacré Cœur de Jésus te convertirait. »

Oh ! ma mère !... Tenez, Monsieur, j'avais lu à l'entrée de la chapelle que le Cœur de Jésus donnait aux prêtres le talent de toucher les cœurs endurcis. J'étais venu pour savoir ce que vous me diriez, pour me moquer de vous. Je le sens ; vous m'avez converti. Le prêtre était tombé à genoux. Il priait et il pleurait. Quand j'entrai dans le sanctuaire du Sacré Cœur, ce fut pour aller me prosterner dans un confessionnal. Ce fut, quelques jours après, pour m'approcher de la Table sainte. Et maintenant, que tout cela soit pour la gloire de votre Sacré Cœur, ô Jésus ! — Prêtres ! aimez le Sacré-Cœur, et vous convertirez des âmes. Mères de famille qui pleurez sur les égarements de vos fils, priez pour eux le Sacré Cœur de Jésus. »

COMMENT ON OBTIENT UN MIRACLE

Il y a quelques années, — c'est un missionnaire qui raconte le fait, — j'avais dit en chaire que les enfants pieux pouvaient convertir leur famille. Dieu permit qu'une enfant innocente et pure se trouvât dans mon auditoire ; son père et sa mère l'aimaient comme une fille unique qui doit hériter d'une grande fortune ; c'était leur bonheur, leur joie, leur amour. Le lendemain, près du saint tribunal, je vis une enfant agenouillée comme un ange ; je l'écoutai. La pauvre enfant ne pouvait parler, les sanglots étouffaient sa voix, elle avait les larmes aux yeux. — Mon père, vous avez dit que les enfants sages qui avaient une foi vive convertiraient leur père et leur mère. Depuis que je vous ai entendu, j'ai prié, j'ai pleuré, mon père et ma mère ne sont pas convertis. — Mais, ma pauvre enfant, ce miracle, je vous le promets. Il s'accomplira, pourvu que votre foi soit constante. Et j'ajoutai : « Je vais vous préparer moi-même à la première communion. » Elle revint les jours suivants, le temps passa bien vite. La pauvre enfant disait toujours : « Mon père, le miracle ne se fait pas ; mes parents ne sont pas même venus vous entendre. » La veille de la communion arriva. Après avoir reçu l'absolution, la pieuse enfant se relève heureuse. Elle ne parlait pas ; dans le chemin elle rencontre une de ses jeunes compagnes et parentes, qui l'embrasse avec effusion et lui dit : « Quel bonheur ! mon père et ma mère doivent communier demain avec moi. » Alors la pauvre enfant devint triste, et ses yeux se mouillèrent de larmes. Son père et sa mère l'attendaient cependant, et ils se disaient : « Comme elle va être heureuse ! » À la vue de ses yeux gonflés par les pleurs, la mère la presse sur son cœur et lui dit :

— Mon enfant, tu nous avais annoncé que tu serais si heureuse la veille de ta première communion ! — Ma mère, je suis malheureuse aujourd'hui. Et le père, témoin muet de cette scène, ne put s'empêcher de verser des larmes et de dire : « Mon Dieu ! que faut-il donc pour la rendre heureuse ? » Aussitôt l'enfant quitte les bras de sa mère, se jette dans ceux de son père en s'écriant : — Ô père ! si vous vouliez ! — Mais, ma fille, nous ne vivons que pour toi ; dis-moi, que faut-il faire ? — C'est vous qui êtes la cause de ma tristesse. — Nous ? répond la mère. — Moi ? répond le père étonné. — Hélas ! reprit l'enfant. J'étais heureuse il n'y a qu'un moment ; mais ma cousine est venue me dire : — Tu ne sais pas, Berthe ? mon père et ma mère communient demain avec moi. Alors je me suis dit pendant le chemin : « Et moi, demain, je serai donc heureuse toute seule ! » Le père et la mère n'y tinrent plus ; les larmes coulèrent de leurs yeux. Ils embrassèrent cet ange, et lui dirent : « Oui, demain, tu seras seule ; mais dans quelques jours tu renouvelleras. Alors nous serons heureux tous les trois. » Le surlendemain, ajoute le missionnaire, l'enfant triomphante m'amenait son père et sa mère en me disant : « Mon Père, vous aviez raison, le miracle est fait ; nous serons, dans quelques jours, tous les trois unis à la Table sainte et tous les trois heureux sur la terre. »

LE MARQUIS D'OUTREMER

Le marquis d'Outremer était un vrai philanthrope. Il ne s'amusait pas à fonder ces œuvres qui ne figurent guère que sur le papier et qui servent surtout à obtenir des décorations à leurs fondateurs. Il vivait de très peu, et ce qu'il eût pu employer de son superflu, il préférait le donner aux pauvres, qu'il aimait, qu'il visitait assidûment, qu'il soignait lui-même. Car, dans sa jeunesse, il avait étudié la médecine, et le titre de docteur ne lui paraissait pas messéant à côté de celui de marquis. Son défaut, c'était d'être non seulement incrédule, mais impie. Il avait une fille unique. Bien qu'il fût veuf et qu'il l'aimât avec une extrême tendresse, Eudoxie, quand elle eut atteint ses vingt-cinq ans, ayant manifesté le désir de se faire Sœur de Charité, le marquis, chose étonnante pour un libre-penseur, n'y avait mis aucun obstacle. Il s'était contenté d'éprouver la vocation d'Eudoxie par quelques mois d'attente. Il avait consulté les directeurs de sa fille, et sa fille était devenue fille de Saint-Vincent de Paul. Depuis un an, on l'avait chargée de la pharmacie, à l'hôpital civil de Castres. Pendant le choléra, il passa bien des jours et des nuits, côte à côte avec des prêtres, au chevet des malades. Jamais il n'entrava leur ministère ; car, disait-il, il ne faut pas enlever au pauvre monde ses consolantes illusions. Mais le dévouement de ces bons prêtres, égal, sinon supérieur au sien, n'entama pas seulement son Credo de libre-penseur. Un matin du mois de janvier, il revenait de chez l'une de ses plus pauvres pratiques. Le froid était vif et le verglas si glissant qu'il eût fallu des patins pour cheminer d'un pied sûr à travers les rues de la ville. Notre marquis-médecin glissa.

En cherchant à se retenir, il se donna une entorse. Outre le verglas, il faisait un affreux brouillard, de sorte que notre homme gisait presque inaperçu au coin d'une borne. Tout à coup, de dessous une porte cochère, sortit une bonne laitière, alerte et robuste, comme on l'est à la campagne. « Eh ! c'est vous, monsieur le marquis ? dit-elle au pauvre patient. — Comment me connaissez-vous, ma pauvre femme ? — Comment je vous connais ? Mais qui ne connaît pas dans le quartier M. le marquis d'Outremer ?... Eh ! qu'est-ce donc qui vous est arrivé ? » Le marquis raconta son accident. Elle saisit le marquis et se mit en devoir de le porter elle-même jusque chez lui. Par ce brouillard et ce verglas, il y avait une bonne demi-heure de la borne a l'habitation du marquis. Pour oublier ce qu'il souffrait, le porté dit a la porteuse : « Qu'est-ce que je puis faire pour vous ? je vous promets de le faire, si ce n'est matériellement impossible. — Monsieur le marquis, vous êtes pris. Ce que vous pouvez faire pour moi ? Franchement, je ne croyais pas avoir jamais l'occasion de vous le dire. Mais c'est de demander un prêtre, de l'écouter avec votre cœur et de devenir bon chrétien. Savez-vous que c'est un vrai scandale de voir un brave homme tel que vous du même parti, en religion, que les débauchés et les partageux ? — Vous êtes saint Jean bouche d'or, laitière. Mais j'ai promis ; je tiendrai. Je ferai venir un prêtre. À lui, par exemple, de me convaincre. J'assure d'avance que la besogne sera rude. — Et moi, je promets qu'elle sera douce. » Quand un homme loyal comme le marquis consent à entendre la parole de Dieu, qu'il ne se raidit point contre elle, sa défaite est certaine, cette bienheureuse défaite qui vaut mieux que toutes les victoires.

« Voyez-vous, disait-il à l'abbé Antoine, à leur seconde entrevue seulement, c'est une permission de Dieu que l'on m'ait extorqué cette promesse, sans cela j'étais capable de mourir dans mon impiété. Pourquoi ? Je n'en sais rien. Par esprit de contradiction. » Vous peindrai-je la joie et la reconnaissance de Sœur Eudoxie ? Elle ne put qu'écrire à la bonne laitière. Mais elle le fit avec une éloquence qui ravit et en même temps confusionna la pieuse femme. Quant au marquis, il ne tarissait pas. Lui qui avait toujours tant aimé les œuvres de miséricorde, il semblait qu'alors seulement il en eût découvert l'esprit, la raison d'être, la céleste origine, et ce baume qui, d'un cœur compatissant et chrétien, coule à la fois sur les plaies du corps et sur les plaies de l'âme, et semble, remontant vers sa source, inonder le bienfaiteur lui-même d'une suavité céleste. « C'est pourtant à vous que je dois tout cela, disait-il. Que puis-je faire pour vous ? — Oh ! monsieur le marquis, est-ce que la joie de ramener une âme à Dieu n'est pas une assez riche récompense, surtout quand il s'agit d'une aussi belle âme ? » Un matin, la pauvre laitière vint trouver le marquis. Elle était troublée et tenait une lettre à la main. « Eh bien, oui, dit-elle, si vous voulez me remercier, priez Dieu pour mon pauvre garçon qui est soldat en Afrique, et qui m'écrit des

choses navrantes... Je crains bien qu'il ait perdu la foi. »
Le marquis pria. Sœur Eudoxie, de Castres fut envoyée
à Toulouse, à l'hôpital militaire. L'hôpital était comble.
Depuis huit jours, il était arrivé d'Alger un nombre
considérable de soldats malades. Sœur Eudoxie les
soignait de son mieux.

Elle en remarqua un entre autres, très jeune, au
sourire triste et doux : il était miné par les fièvres
d'Afrique... Autre chose encore le dévorait. Avec ce tact
exquis de la Sœur de Charité, qui est presque le tact
d'une mère, Sœur Eudoxie vit qu'il y avait là une
blessure ; que cette blessure s'envenimait en devenant
secrète, que la confiance peut-être allait la guérir. Un
jour, tout naturellement, et sans que Sœur Eudoxie le
lui eût demandé, le soldat lui raconta son âme. Il avait
été élevé chrétiennement. Sa mère n'était pas seulement
pieuse : c'était une sainte. Enfin, Sœur Eudoxie apprit le
nom du jeune soldat. C'est dire qu'elle redoubla
d'efforts pour le ramener à Dieu. Il y avait là une dette
de reconnaissance filiale à acquitter. Un jour, elle aborda
le malade en ces termes : « Je connais votre mère, la
bonne, l'ardente, la pieuse, la charitable Mme X... Elle a
sauvé mon père doublement : son corps, d'abord, puis
son âme. Je voudrais essayer de me libérer envers elle.
Vous seul pouvez m'en fournir les moyens : faites
comme mon père. Je ne dirai pas de vous rendre à
l'aveuglette, mais de consentir à écouter un bon
prêtre. » Jacques, que les raisonnements avaient trouvé
insensible, se laissa émouvoir. Une fois le bon prêtre à
son chevet, une fois cette voix entendue, au fond de
laquelle Jacques ne pouvait méconnaître la sincérité, la
tendresse, la vraie charité, l'obstacle fut levé. Il revint à
Dieu du fond du cœur. Jacques converti, le calme de

son âme réagit sur son corps. La fièvre tomba. Et il eut vite son congé de convalescence. Oh ! quelles douces larmes coulèrent de tous les yeux, lorsqu'il retrouva sa mère et le marquis ! Et avec quels transports d'amour ils bénirent ensemble les miséricordes divines ! ...

LA PLUS GRANDE VICTOIRE D'UN VIEUX
GÉNÉRAL

Deux années environ avant sa mort, arrivée le 24 février 1845, le général Bernard, maréchal de camp de gendarmerie en retraite, membre honoraire de la société de Saint-François-Xavier, aborde, peu d'instants avant la réunion, le directeur des frères des Écoles chrétiennes, et lui frappant sur l'épaule avec une rudesse amicale : « Tenez, cher Frère, lui dit-il, je suis un vieux gredin, un pas grand' chose. — Allons donc, avec cette figure, vous, un brave dont le sang a coulé sur nos glorieux champs de bataille, vous ne sauriez être ce que vous dites ; si vous vous accusiez d'être un retardataire vis-à-vis du grand général de là-haut, à la bonne heure ; mais vous lui reviendrez un jour ou l'autre, et plus tôt que vous ne pensez, peut-être. — Franchement, les conférences de notre Société, ce que je vois ici comme ce que j'entends, tout cela me remue. Mais... c'est que... c'est que... pour en finir, il y a la confession, et, comme on dit au régiment : c'est le hic ; une batterie à enlever me ferait moins peur ! — Peur d'enfant, mon général ! La confession n'est un épouvantail que de loin et pour ceux qui ne la connaissent pas. Elle ressemble à ces prétendus fantômes dont se sauvent les poltrons, et sur lesquels il suffit de marcher pour qu'ils s'évanouissent ; ou mieux encore, c'est comme une médecine qui paraît amère au premier abord et qu'on trouve de plus en plus douce à mesure qu'on la goûte, sans compter qu'elle guérit infailliblement le malade... qui veut guérir. Essayez seulement, et vous m'en direz des nouvelles. — Hum ... hum ... À la manière dont vous en causez, on croirait qu'il s'agit d'une partie de plaisir, de quelque friandise délicieuse à nous proposer !

Et pourtant ... cette médecine, dont vous me faites une peinture si séduisante, me paraît encore à moi une vraie médecine, une médecine d'autrefois, noire et effrayante... Mais voilà la séance qui commence, le commandant monte au fauteuil ; aux armes et chacun à son poste ! et moi dans ma guérite, c'est-à-dire, dans mon coin. À quelques semaines de distance, une après-midi, le Frère directeur voit entrer dans la salle commune le général, tout radieux, et qui accourt lui presser les mains avec force : « Oh ! cher Frère ! s'écrie-t-il, une bonne poignée de main ; et tenez, il s'en faut de peu que je vous embrasse ! je suis si heureux ! plus heureux que le jour où j'ai reçu la croix, et ce n'est pas peu dire. Je crierais volontiers, comme ce jour-là : Vive l'empereur ! Savez-vous ce que j'ai fait ces jours-ci ? — Non, mais je le soupçonne à vos regards, répondit le Frère en souriant. — Juste ! Vraiment oui, j'ai fait le grand pas ! tous les anciens comptes réglés ! Au diable le vieil homme ! Oui, cher Frère ! j'ai suivi votre conseil ; je me suis confessé. Et que vous aviez bien raison : Ça n'est effrayant qu'à distance et pour des poltrons ! Il suffit de commencer, et ensuite rien de plus facile, grâce à ce bon curé. Voyez-vous, à mesure que je parlais, je sentais comme un poids qu'on m'ôtait par degrés de dessus la poitrine ; ou encore, j'étais comme un homme qui rejette un poison qui lui tournait sur le cœur et sent rapidement la santé revenir ! J'ai rajeuni de trente ans ; pour un rien je m'envolerais au plafond ; mais soyons sages et n'oublions pas que nous avons des cheveux blancs : ne faisons pas rire vos écoliers, qui pourraient nous voir à travers les carreaux.

Une fois encore, cher Frère, je vous remercie, car à votre conseil vous aurez joint, je n'en doute pas, les prières. Le bon Frère était presque aussi heureux que le général, et l'émotion de sa parole le prouva bien à celui-ci. Le brave militaire, dès lors, n'en fut que plus assidu aux réunions de Saint-François-Xavier, qu'il édifiait par sa présence et qu'édifia davantage encore le récit de sa mort. Le général, après avoir accompli avec calme et recueillement tous les devoirs du chrétien, ordonna, avant que le prêtre se fût éloigné, qu'on fit venir toute sa famille. Celle-ci arriva tout en larmes, et chacun se mit a genoux dans la chambre mortuaire. Il éleva alors la voix et dit : « Mes enfants, je vous remercie de toutes les preuves d'affection que vous m'avez données, et je vous prie de me pardonner les peines que j'aurais pu vous causer en cette vie. » Après un silence de quelques moments, interrompu par les sanglots des assistants, il reprit : « Vous tous que j'aime, je vous bénis au nom du Père, du Fils et du Saint-Esprit. » Puis il inclinait la tête, pendant qu'un dernier et paternel sourire glissait sur ses lèvres. L'âme du juste était devant Dieu.

LE BOUFFON ET SON MAITRE

Un riche seigneur avait à son service, suivant la coutume d'autrefois, un bouffon chargé de le distraire par ses plaisanteries. Un jour il le fit habiller à neuf des pieds jusqu'à la tête, et lui mit en même temps entre les mains une baguette de bouffon, en lui recommandant expressément de n'en faire présent à personne, si ce n'est à un plus fou que lui. Le bouffon prit à cœur cet avertissement, et pour bien de l'argent il n'aurait pas donné sa baguette. Quelque temps après il arriva que le seigneur tomba mortellement malade. Alors il s'apprêta à faire son testament ; mais, comme dans ses bons jours il s'était peu occupé des pauvres et avait encore moins réfléchi aux quatre choses suprêmes, c'est-à-dire à la mort, au jugement, au ciel et à l'enfer, il n'en fit pas plus alors que par le passé ; il institua ses plus proches parents héritiers de tous ses biens ; quant à des aumônes ou d'autres dispositions charitables, il n'en fut point question. Pas un signe non plus pour la confession ni pour le saint Viatique. En attendant, on pleurait et on gémissait dans le château, à la pensée que le bon seigneur allait bientôt quitter ce monde. Le bouffon, averti de ce qui se passait, courut droit à la chambre et au lit du malade, et lui demanda d'un air triste : « Maître, j'apprends que vous allez partir ? Est-ce vrai ? — Oui, répondit le malade d'une voix à moitié brisée, oui, mon heure approche. — Où voulez-vous donc aller ? Les chevaux sont-ils déjà équipés, la voiture est-elle déjà attelée ? Et vous, êtes-vous tout prêt à partir ? — Je n'en sais rien. — Mais vous devez pourtant savoir a quelle distance vous allez, et combien de temps vous resterez dehors ? Est-ce un mois, quinze jours, ou toute une année ? — Je n'en sais rien.

— Mais au moins reviendrez-vous ? — Ah !... peut-être jamais !... — Ainsi, répondit le bouffon d'une voix sévère et convaincante, avec un regard pénétrant, vous faites un si grand voyage que vous ne savez pas même si vous reviendrez, et vous ne faites pas un seul préparatif pour une route aussi longue et aussi dangereuse ? Tenez, prenez la baguette de fou, ajouta-t-il en la posant sur le lit du malade, car vous êtes un bien plus grand fou que moi ! » Le malade commença tout à coup à y voir clair ; il reconnut, à sa honte, que le bouffon n'avait jamais dit une vérité plus grande. Et alors, il fit distribuer beaucoup d'argent aux pauvres et se prépara à faire le voyage en chrétien [Cette anecdote, déjà ancienne, est rapportée par Guillaume Pépin, écrivain ecclésiastique.].

UN ÉPISODE DE LA RÉVOLUTION

Pendant la crise la plus furieuse de la Révolution, quand Robespierre étendait son sceptre de fer sur la France, quand Carrier se signalait par ses noyades à Nantes, Lebon par ses massacres dans le midi, et Javogues par ses fureurs dans le Forez, la fermeté courageuse des saints missionnaires de ces pays persécutés ne se laissait point abattre ; leur zèle, au contraire, semblait acquérir de nouvelles forces à la vue des malheurs de ces contrées et des dangers qui planaient sur elles. Tandis que plusieurs confesseurs de la foi prodiguaient leur zèle sur d'autres points du diocèse, M. l'abbé Coquet, (mort en 1845 curé de Rozier-en-Donzy), avait choisi pour théâtre de ses courses évangéliques le centre même de la persécution, Feurs, capitale du Forez, et l'intrépide proscrit poursuivait sa mission sublime sous les yeux pour ainsi dire de Javogues. On ne saurait raconter en détail tous les actes d'héroïsme, de dévouement, de sainte audace, qu'il accomplit pendant cette période de terrible mémoire ; mais l'histoire suivante en donne une bien haute idée, en même temps qu'elle offre un exemple des plus étonnants de la miséricorde divine. Un jour, un envoyé extraordinaire se présente dans le lieu de retraite du saint missionnaire. « Une femme se meurt, s'écrie-t-il, une femme bien pieuse, bien dévouée, mais qui ne peut se résigner à mourir sans sacrements et qui exprime le plus vif désir de recevoir les secours d'un prêtre pour obtenir le pardon de ses fautes ainsi qu'une mort tranquille. » L'abbé, après avoir écouté l'envoyé avec sa bienveillance ordinaire, s'empressa de promettre les consolations de son ministère, dont on réclamait l'assistance ; mais à peine le premier courrier avait-il disparu, qu'un autre entre et s'écrie :

« Monsieur l'abbé, on vient de vous mander auprès d'une malade ? Gardez-vous bien d'aller chez elle ! Depuis longtemps les satellites de Javogues, qui vous épient, ont appris la maladie de cette femme, et ils ont décidé entre eux de saisir le premier prêtre qui se présentera. Réfléchissez : si vous êtes pris, au même instant vous serez conduit à Feurs et dans les vingt-quatre heures exécuté. » Il y avait en effet de quoi réfléchir : mais quand le devoir parle au cœur d'un ministre de Dieu lui-même, toute crainte est bientôt dissipée, et la décision ne se fait pas attendre. « Quoi qu'il arrive, se dit l'abbé Coquet, le bon pasteur donne sa vie pour ses brebis ; je suis appelé, il faut partir... » Le soleil n'était pas encore couché ; le charitable prêtre attendit encore quelques instants, espérant, aidé du ciel et des ombres naissantes de la nuit, parvenir plus sûrement à son but. Enfin le voilà en marche ; couvert d'habits de paysan, il s'avance dans la campagne. Tout est silencieux autour de lui : les pâtres ont déjà regagné leurs chaumières, et les craintes qu'on lui avait fait concevoir sont bien près de s'évanouir dans son esprit rassuré. Il s'approche de la demeure dont on lui a indiqué l'adresse ; toutefois, avant d'entrer, il jette un dernier regard autour de lui, et lance des pierres dans les massifs d'arbres ou de verdure, afin de s'assurer si personne n'est en embuscade pour le surprendre ; mais, en fait d'ennemis, il ne voit que quelques oiseaux effrayés qui sortent précipitamment de leur retraite ainsi troublée. Il se tourne alors du côté de la maison ; la solitude de l'intérieur rivalise avec la solitude du dehors. « C'en est fait, se dit-il en lui-même, tout danger a disparu ; on m'a trompé. » Et, ouvrant la porte cochère, il traverse rapidement la cour. À peine a-t-il franchi le seuil, qu'un grand nombre d'hommes se jettent sur lui ; les baïonnettes l'enserrent dans un réseau de fer, et de toutes ces poitrines où le cœur n'a plus de place s'échappent mille cris menaçants :

« Nous te tenons enfin, misérable ! Assez longtemps tu nous as échappé ; cette fois tu n'échapperas plus. — Il faut le fusiller à l'instant ! crient les uns. — Non, disent les autres ; à demain la guillotine ! Conduisons-le à Feurs : les traîtres et les brigands apprendront par sa mort ce qu'ils doivent attendre des vrais patriotes ! » D'autres enfin ne s'en tiennent pas à ces brutalités et les rendent encore plus amères par des imprécations, par des blasphèmes. Durant cette terrible scène, l'abbé Coquet gardait un profond silence et faisait intérieurement le sacrifice de sa vie. Cependant, à force de vociférations, de trépignements, d'agitation furibonde, les poitrines à la fin s'épuisèrent, les cris cessèrent. Le bon prêtre saisit alors ce moment de calme pour adresser quelques paroles à cette horde sauvage. « Mes amis, leur dit-il, je ne suis ni un traître ni un monstre, comme vous vous l'imaginez ; je n'ai jamais rien fait d'hostile ni contre le gouvernement ni contre le pays. Tout mon rôle se borne à porter secours aux infirmes, aux malades, à les consoler dans leurs maux, à leur apprendre à bien mourir. Vous le voyez par cette femme qui languit sur son lit de douleur dans une chambre voisine. Je ne vous demande qu'une grâce, c'est de me laisser lui porter les dernières consolations. Vous ferez ensuite de moi ce que vous voudrez. » Un pareil discours était fait pour attendrir les cœurs les plus durs. « Va ! s'écrie après un moment de silence un de ces forcenés, va ! nous te tenons, tu ne nous échapperas plus. » L'abbé Coquet entre donc dans la chambre de la malade ; il aperçoit en même temps une fenêtre donnant sur le jardin ; il pourrait s'échapper par cette issue, mas il n'a garde d'en profiter. « Que je suis malheureuse ! s'écrie la malade en le voyant s'avancer vers elle, que je suis malheureuse d'être la cause de votre captivité, peut-être de votre mort ! Mais j'avais trop besoin de vos secours au moment si redoutable de la mort...

Ne craignez rien du reste ; la sainte Vierge, que j'ai bien priée cette nuit passée et les nuits précédentes, m'a fait comprendre qu'il ne vous serait fait aucun mal. Veuillez donc entendre ma confession et m'administrer les derniers sacrements. » Depuis un instant le prêtre était dans l'exercice de cet auguste ministère, quand les révolutionnaires, se ravisant, prennent la résolution d'entrer dans la chambre de la malade ; ils voulaient empêcher le prêtre, leur captif, de s'échapper par la fenêtre dont nous venons de parler. Mais aussitôt entrés, émus par tout ce qu'il y a de touchant dans l'administration des derniers sacrements, ces hommes naguère si farouches tombent subitement à genoux et semblent plongés comme dans une extase. D'autres arrivent, ils sont terrassés de même. Le prêtre, tout entier à ses fonctions sacrées, aux exhortations qu'il adressait à la malade, ne s'était pas même aperçu de cette scène étrange. Les cérémonies terminées, l'abbé Coquet quitte le chevet de la mourante pour s'occuper de son propre sort. « Allons, mes amis, dit le généreux martyr en s'adressant à ses bourreaux, je suis à vous. J'ai fait mon devoir, disposez de moi, je ne crains rien ; mon corps peut périr, mon âme est dans les mains de Dieu. » Mais, ô surprise ! ô merveilleux effet de là grâce divine ! lorsque la victime croit marcher au supplice, elle devient au contraire l'objet du plus beau triomphe que puisse ambitionner le cœur d'un prêtre. Les bourreaux se taisent, les menaces sont bien loin déjà des lèvres qui les ont proférées ; la haine a fait place à l'amour, l'impiété à la foi, le crime au repentir. Tous ces tigres altérés de sang qui s'élançaient naguère sur le ministre de Jésus-Christ comme sur une proie, sont là à ses pieds, renversés, comme Paul sur le chemin de Damas, par une puissance invisible, et confessant à haute voix le Dieu qu'ils osaient persécuter dans la personne de son représentant sur la terre.

Le croirait-on ? le chef de cette horde sanguinaire, l'organisateur de ce guet-apens était le fils même de la pieuse femme qui achevait en ce moment sa paisible et sainte agonie. Le misérable, loin d'adoucir, de consoler les derniers moments de sa mère, n'avait pas craint d'offrir en spectacle, à ses yeux qui allaient se fermer, les préparatifs d'un meurtre et du meurtre de son confesseur !... Mais la grâce divine venait de toucher son cœur comme celui de ses complices. Les armes lui tombent des mains ; à son tour il implore le pardon du prêtre qui avait vainement sollicité sa clémence. Qu'on juge de l'émotion de ce dernier. Il bénit Dieu en versant des larmes et reçoit avec une joie inexprimable ces brebis perdues qui reviennent au bercail. Puis, après avoir entendu les aveux des coupables, il fait descendre sur eux le pardon en prononçant les paroles sacramentelles, et tous ensemble redisent les bontés infinies du Dieu des chrétiens pour lequel il n'est aucun crime sans miséricorde, si le pécheur est pénétré d'un vrai repentir. Tous se séparent alors en se disant adieu comme des frères, et le missionnaire regagne sa retraite, le cœur débordant de consolation et de reconnaissance.

LE ZÈLE RÉCOMPENSÉ

Une personne très pieuse avait un frère, étudiant
en médecine, qui s'était laissé entraîner par le
torrent des mauvais exemples et avait renoncé
aux pratiques de la religion. Leur mère souffrait d'une
maladie de langueur, qui la conduisait peu à peu au
tombeau. Mais ce qui la désolait, c'est qu'elle se sentait
impuissante à arrêter le débordement d'impiété de son
fils. La fille, qui comprenait l'étendue de la douleur de la
pauvre mère, et voyait son malheureux frère courir ainsi
à la damnation, s'approcha la veille de Noël du lit de la
malade : « Maman, dit-elle, si je pouvais aller à minuit à
la messe à Notre-Dame-des-Victoires, quelque chose
me dit que l'Enfant de la crèche m'accorderait la
conversion de mon frère. — Ma pauvre enfant ! qui
t'accompagnerait ? Je n'irai jamais plus avec toi à la
messe de minuit. — Eh bien ! mon frère. — Ton frère !
y songes-tu ? lui qui éprouve une si grande horreur pour
l'église, qu'aux enterrements il ne veut pas entrer et
attend à la porte, espères-tu qu'il te conduirait ? —
J'essaierai de le décider. — Je ne demande pas mieux ;
mais je crains que ton éloquence comme tes caresses ne
soient inutiles. L'étudiant en médecine reçut de très
haut la proposition, qu'il appela saugrenue. Tant de

colère cependant dénote ordinairement un reste de foi, prisonnière de l'impitoyable libre-pensée. Sa sœur insista, et, vaincu par cette persistance, vers minuit, heure à laquelle un homme du monde n'aime pas à dire qu'il préfère se coucher, l'étudiant la protégeait sur le chemin de la messe et s'installait auprès d'elle pour la protéger au retour. La cérémonie fort belle de Notre-Dame-des-Victoires paraissait l'intéresser ; il regardait avec une sorte d'avidité ce spectacle oublié et ne s'ennuyait pas. Au moment de la communion, il fut fort étonné ; tous défilaient pour se rendre à la sainte Table.

On arriva à son rang, les voisins sortirent, sa sœur aussi. Il se vit seul. Le vide lui causa une impression étrange... Cependant sa sœur recevait l'Enfant-Jésus en la crèche de son cœur et le réchauffait de l'ardeur de sa prière pour le jeune incrédule. De son côté, le libre-penseur, prêt à résister fièrement aux sollicitations de tous les chrétiens assemblés dans l'église, succombait sous le poids de l'isolement où l'avaient laissé ses quelques voisins ; disons le mot : il eut peur. Un souvenir d'enfance domina son esprit, il tomba à deux genoux, et une explosion de sanglots sortit de sa poitrine... La jeune fille cependant revenait dévotement ; elle voit cette abondance de larmes, et son frère qui se penche à son oreille pour lui dire : Ma sœur, sauve-moi ! Un prêtre ! je suis écrasé sous le poids de mon indignité ! Un prêtre ! un prêtre ! Ce fut sa sœur qui eut à modérer l'impatience de ce néophyte. À l'issue de la cérémonie, le prêtre fut trouvé, et bientôt le jeune homme embrassait sa mère, en lui disant : Je vous rends votre fils. On ne reposa point en cette belle nuit, pas plus qu'à la crèche de Bethléem, et à six heures du matin tous deux étaient revenus à la même place en l'église de Notre-Dame-des-Victoires. Au moment de la communion, tous quittèrent leur rang pour aller à la sainte Table ; l'étudiant les suivait. Une jeune fille restait seule prosternée à deux genoux, et le pavé qui avait reçu la nuit les larmes de repentir, recevait encore des larmes ; mais c'étaient des larmes de joie.

SAGESSE ET FOLIE

Vers l'année 1810, vivait à Clermont en Auvergne un ouvrier serrurier, travailleur habile et courageux, mais qui malheureusement se livrait de temps en temps à quelques excès. À la suite d'un écart de régime, qui l'avait rendu momentanément malade, il passa une nuit fort agitée : il eut un songe, dans lequel sa sœur qui était morte en religion lui apparut, lui reprocha son inconduite, et le conjura de revenir aux sentiments dont leurs parents leur avaient toujours donné l'exemple. Cette apparition lui fit une telle impression qu'il se leva, se rendit a l'église la plus proche, et, comme elle était encore fermée, il se mit à genoux sur les marches et attendit l'ouverture des portes ; il entra alors, entendit la messe, s'adressa à M. le curé et revint de nouveau après son repas. Pendant les deux jours suivants il fit la même chose : le changement qui s'était opéré en lui parut si étrange que le maître de l'auberge où il logeait pensa qu'il avait affaire à un fou, et pria le médecin de venir examiner son locataire. Aux interrogations du médecin, l'ouvrier répondit : « Monsieur le docteur, je vous remercie de votre intérêt ; mais je me porte bien ; j'ai été fou, il est vrai, je l'ai même été longtemps, mais je suis guéri ; je le sens,

Dieu merci ; je me trouve en possession de mon bon sens, et puis j'ai un docteur que je vois tous les jours, et que je vais encore aller trouver ; je vous demande la permission de ne pas en changer. » Il revint à son auberge après une dernière visite à l'église, paya sa note, fit son paquet et se mit en route pour Paris, où, marcheur intrépide, il arriva en cinq jours ; là il se remit courageusement au travail ; debout avant le jour, il n'allait à l'atelier qu'après avoir entendu la messe, et pendant une année entière il ne porta pas à ses lèvres une seule goutte de vin. Une autre épreuve l'attendait.

Il s'était fait une loi de ne pas travailler le dimanche, les railleries ne purent triompher de sa résistance. Patrons et ouvriers conspiraient contre lui ; on lui remettait un travail soi-disant pressé le samedi soir, il offrait de travailler la nuit, mais son offre était repoussée ; il fallait passer à la caisse et régler son compte, cela lui arriva dans douze ateliers. Ce fut alors qu'il rencontra une personne dont les sentiments pieux étaient conformes aux siens ; il l'épousa, et se mit à travailler pour son compte. Dieu bénit son travail et il parvint à se procurer une petite fortune. Étant allé dans une ville d'eaux thermales pour la santé de sa femme, le généreux chrétien s'y fixa et pendant huit ans prit part à toutes les œuvres charitables. Entré dans la conférence de Saint-Vincent-de-Paul, il s'adonna de tout son cœur au soulagement physique et moral des familles qui lui étaient confiées, il ne remettait jamais d'un jour la visite à leur rendre et se montrait généreux à leur égard. Il s'enquérait, à la fin de chaque séance, de l'absence de ceux de ses confrères qui ne s'étaient pas présentés, et se chargeait avec bonheur de leur porter leurs bons pour éviter tout retard dans la délivrance des secours.

Les souffrances ne lui furent pas épargnées ; opéré plusieurs fois de la cataracte sans succès, il était presque aveugle, mais cette infirmité ne l'empêchait pas de faire des courses nombreuses pour le service des pauvres, ou de se trouver devant la porte de l'église avant qu'elle ne s'ouvrit ; c'était une habitude qu'il ne perdit jamais ; il servait à genoux six ou sept messes tous les jours. Il s'éteignit, il y a quelques années, dans une maison de charité de Marseille au moment où il se préparait à un acte de piété désiré depuis longtemps : un pèlerinage à Jérusalem.

On a retrouvé dans des lettres écrites par lui des preuves que l'Imitation était sa lecture favorite. Ce fervent chrétien mérite d'être cité comme un modèle de parfaite conversion.

LE TERRIBLE ARTICLE

Lors de mon dernier séjour en Normandie, raconte un médecin bien connu, le maire d'une commune voisine de Caen, s'affichant depuis longtemps comme libre-penseur, devint malade de la poitrine. Sa femme et sa fille, personnes pieuses, voyant que son état était menaçant, usèrent de toutes leurs industries pour obtenir qu'il laissât venir le prêtre. À la fin, il leur dit : « Eh bien ! soit, faites-le venir, votre curé ; mais avertissez-le que je lui dirai son fait. » Les deux pauvres femmes allèrent trouver le curé de la paroisse, à qui elles rapportèrent cette réponse. Il parut très peu s'en effrayer, car il les pria d'annoncer sa visite pour le lendemain. Le lendemain donc il se rendit chez le malade, et fut immédiatement introduit dans sa chambre. Il le trouva tenant à la main un journal. « Monsieur le curé, lui dit celui-ci à brûle-pourpoint, vous me surprenez relisant la loi Ferry. J'en étais précisément à l'article 7. Que pensez-vous de cet article ? — Je pense, répliqua le curé, après un moment de réflexion, que vous en êtes également à un article qui devrait vous préoccuper bien davantage. — Et cet autre article, quel est-il ? — Je n'ose vous le dire. — Parlez, monsieur le curé, parlez ; vous savez que je n'aime pas les mystères. Et il appuya sur ce mot d'un ton très significatif. — Puisque vous l'exigez, reprit le prêtre, je parlerai, quoi qu'il m'en coûte. Sachez donc que l'article auquel j'ai fait allusion, c'est... l'article de la mort. » Et il se retira. Le libre-penseur savait bien qu'il était gravement atteint, mais il ne se croyait pas si près du moment fatal.

La déclaration du prêtre le jeta dans la stupeur, et, grâce sans doute aux prières de son épouse et de sa fille, la stupeur produisit l'effroi, avec le désir de la conversion. Quelques jours après, il faisait appeler le même prêtre et se réconciliait sincèrement avec Dieu.

LE TROTTOIR

Vous ne sauriez concevoir le nombre et la variété des petits contentements que l'on éprouve dans la pratique de l'abnégation et de l'obligeance sur le trottoir, dans les grandes villes et surtout à Paris. Suivons celui-ci, qui est des plus étroits. Un insolent vous voit venir, et il indique par son attitude une certaine résolution à l'impolitesse. Vous descendez froidement, et : Passe sans obstacle, homme fort, je triomphe de toi et de moi ! Un peu plus loin, une pauvre femme, mal vêtue et bien modeste, vous voit venir aussi ; déjà elle cherche la place de son pied sur le pavé glissant. Vite vous la devancez... Un hommage à la pauvreté, que tout le monde opprime ou dédaigne, est chose bien louable. Plus loin encore, le passage est scabreux : sur la chaussée, de la boue, des paveurs, un tombereau d'ordures suivi de plusieurs charrettes. Pour vous le péril et la souillure de la rue, pour les autres le trottoir. On a compris, et on vous salue avec un air d'admiration et de sympathique reconnaissance. Ah ! nous oublions trop la fécondité merveilleuse des principes chrétiens. Le moindre devoir rempli a des approximatifs imprévus qui naissent sous nos pas pour nous produire un surcroît de mérite et un salaire de délicieux plaisirs ! Vous ne vouliez être que patient avec courage, vous devenez tout de suite bienveillant sans effort ; puis votre bienveillance va se transformer en une sorte de vertu gracieuse qui déterminera l'apparition d'une foule de charmants petits faits. — Le trottoir était hier une arène où votre orgueil subissait un pugilat onéreux ; aujourd'hui, c'est la plate-bande d'un jardin où les fleurs s'épanouissent. Mon point de vue une fois accepté, je défie que l'on trouve une situation et un lieu plus commodes pour acquérir le goût du devoir et s'y fortifier petit à petit.

Tout en allant à vos affaires, vous accomplissez, une multitude d'actes vertueux qui laissent derrière vous une précieuse semence. Avec le droit, vous semiez des cailloux ; avec le devoir, vous semez de bons exemples. De plus, votre patience se fortifie, et vous faites la conquête de l'humilité, la plus belle des vertus. Il y a quelques années, pour me rendre à mon bureau, je suivais chaque matin la rue du Four. Très souvent j'y rencontrais un homme dont le vêtement indiquait un ouvrier à son aise. Nous nous croisions. Je descendais toujours du trottoir. Lui recevait l'hommage et continuait toujours de son pas vainqueur. Un matin, la rue était plus malpropre et plus obstruée que d'ordinaire. Il y avait vraiment du mérite a céder la belle place. Je voyais venir mon superbe ouvrier. Il crut que je ne m'exécuterais pas de bonne grâce. Il souriait insolemment et se disposait à me faire obéir. Je me sacrifiai à propos, sans hésitation, mais non pas sans dignité. Cela le surprit. Il se retourna et me suivit des yeux, jouissant de mes difficultés avec un air de bravade. J'avais aussi tourné la tête ; son orgueil imbécile se brisa contre un regard fixe et froid que je maintins sur lui pendant quelques secondes. Je sentis qu'il m'en garderait rancune. En effet, le lendemain, le surlendemain encore, il me parut courroucé. Une résistance de ma part lui eût été bien agréable ! Il l'attendit en vain. Un des jours suivants, la pluie se mit à tomber tout à coup. La rue du Four ressemblait à un de ces chemins vicinaux de la Brie pouilleuse, où le paysan monté sur son âne ne se hasarderait pas l'hiver, par crainte d'y perdre sa monture. Les piétons, bien ou mal vêtus, les marchandes de noix ou de maquereaux se remisaient sous les grandes portes.

Quoique muni d'un parapluie, je fis de même, et je me mêlai à un groupe de pauvres gens qui attendaient la fin de la giboulée en geignant. Mon homme était là ! Nous nous regardâmes du coin de l'œil. Il paraissait de méchante humeur, et la pluie le contrariait évidemment plus qu'aucun de ses voisins. Je prononçai à son intention quelque phrase banale sur le temps. Il répondit, comme se parlant à soi-même : — Oui, un joli temps, quand on est pressé ! Je suis attendu dans une maison, à cent pas d'ici, chez des bourgeois. Je voudrais y arriver propre, et il faut que je reste là. Je vais peut-être manquer une bonne affaire. Je devinai que mon parapluie lui faisait envie, et me plaçant brusquement bien en face de lui : — Monsieur, lui dis-je en affectant une politesse souriante, si vous êtes attendu dans le voisinage, prenez mon parapluie. Vous le renverrez par une domestique ou un concierge ; il vous suffira de remarquer le numéro de la maison en sortant d'ici. — Mais, monsieur, si j'allais garder votre parapluie ? Vous ne me connaissez pas. — Si, si, je vous connais. L'ouvrier crut à une allusion sur ses arrogances passées envers moi. Il devint rouge. Je continuai du ton le plus aimable : — Je vous connais aussi bien que vous vous connaissez vous-même, et je suis sûr que vous me renverrez tout de suite mon parapluie. Le voilà, partez vite. Il se laissa faire. Au bout de dix minutes, mon parapluie me revenait avec une bonne femme qui fit très verbeusement la commission de reconnaissance. Je devais m'attendre à un changement radical dans les procédés de mon homme.

Il guettait une première rencontre. Pour moi je tenais peu à une liaison au moins inutile. À la première rencontre, je passai vite. Il ne put que m'envoyer un beau salut, que je lui retournai par un geste très civil : un salut d'égal à égal. À partir de cette minime obligeance dont j'avais honoré son caractère, je remarquai que non seulement mon fier ouvrier descendait du trottoir à la hâte pour me faire place, mais encore qu'il avait renoncé à ses anciennes prétentions ; car je m'amusais à l'étudier, et je le vis plus d'une fois, à distance, céder le pas avec un empressement semblable au mien. Il se christianisait sans le savoir ! Les lois de Dieu sont grandes ! Le moindre acte imprégné du sentiment chrétien a quelquefois des conséquences d'une étendue extraordinaire. Nous n'en sommes pas toujours témoins. Un dimanche, par un beau jour de mai, je me promenais de long en large sur la place Saint-Sulpice, en attendant la messe basse de neuf heures. Si peu que je fisse attention aux personnes qui passaient près de moi, il m'était impossible de ne pas voir le profond salut que venait de m'adresser un promeneur. Ai-je besoin de dire que c'était encore mon ouvrier ? Sa confortable toilette l'avait transformé ! Précisément parce qu'il me parut disposé à la discrétion, sinon au respect, je l'abordai. Il avait le sourire fin. Il parlait peu. Ses paroles n'étaient point oiseuses. J'usai les banalités de la conversation sans qu'il y répondit rien que des monosyllabes. Et puis je me tus. Le brave homme me déclara alors que mon opiniâtreté à descendre du trottoir, pour lui céder la place, l'avait fort surpris, fort intrigué, et qu'en dernier lieu, alors qu'il me supposait irrité enfin par sa bravade tout directe, mon extrême obligeance au sujet du parapluie avait bouleversé son humble raison.

Il me supposait un but, un motif. Il cherchait, il ne comprenait pas. — Comment vous appelle-t-on ? lui dis-je. — Jean. — C'est un nom favorable. Monsieur Jean, autrefois le trottoir de la rue du Four était pour vous l'instrument d'un orgueilleux despotisme. Chacun se sentait contraint de descendre à votre approche. Depuis que je vous ai prêté mon parapluie... — Ma foi, monsieur, depuis l'histoire du parapluie, j'agis tout autrement. J'ai eu l'idée de faire comme vous ! D'abord je suis descendu pour les femmes et pour les vieillards, petit à petit je suis arrivé à descendre pour tout le monde ; et, vous ne le croiriez pas ! aujourd'hui, si quelqu'un me prévient, cela me fait de la peine ; il me semble que l'on a mauvaise opinion de moi, et que l'on me prend pour un homme d'un très vilain caractère. — Eh bien, votre orgueil a fait place à l'esprit de douceur ; vous vous êtes amélioré ; vous êtes entré dans la bonne voie ; peut-être irez-vous loin dans cette voie où l'on ne recueille que des plaisirs, tout en épurant et en grandissant son caractère. Mon but est atteint. — Mais qu'est-ce que vous y gagnez ? Qu'est-ce que cela vous fait ? Je lui montrai l'église. Il me répondit par une grimace. Un banc était là. J'allai m'y asseoir. Sur un imperceptible signe amical, le brave Jean vint prendre place près de moi, non sans rire sous cape, convaincu qu'il était que j'allais le prêcher. Le prêcher ! je n'aurais eu garde. Il y a temps pour tout. À chacun sa fonction, d'ailleurs.

Mon néophyte était un homme de quarante ans, un brave ouvrier ; son instinct le portait au bien assez directement ; avec lui il suffisait d'agir très simplement. — Monsieur Jean, je vous montrais du doigt l'église, où je vais aller entendre la messe tout à l'heure. Vous, vous n'allez pas à la messe, je le sais. Je l'ai compris à votre grimace. Mais vous irez un jour comme moi. — Cela ne m'étonnerait pas trop. Vous avez déjà fait un miracle à mon profit. — Je n'ai pas toujours été pieux ; je le suis devenu à l'aide de la réflexion. Il plut à Dieu de décider mon retour par ce chemin. Mon seul mérite est d'avoir obéi à son impulsion : nous ne saurions jamais, en face de lui, prétendre à un autre mérite que celui de l'obéissance. — Mais pour obéir ainsi, il faut croire en Dieu ; et il ne dépend pas de nous de croire ! — Mon cher Jean, vous vous trompez. Sans vous rien dire de la grâce, ce qui ressemblerait à une prédication, je vous affirme qu'il dépend de nous de croire. — -Alors je n'y comprends plus rien. — Compreniez-vous mon empressement à descendre du trottoir lorsque vous approchiez, et l'offre de mon parapluie ? — Enfin, monsieur, est-ce que vous voulez me rendre dévot ? — Ne riez pas. Vous êtes bien devenu patient, même obligeant, sur ce trottoir où vous vous pavaniez en roi il y a six semaines. — Oui, c'est bien drôle ! S'il y a un secret, dites-le-moi. Par exemple, je ne m'engage pas à rien faire de contraire à mes opinions. — Ah ! vous avez des opinions ! Dites-moi, vous avez aussi de la loyauté ? — Pour ça, je m'en vante. — Cela suffit.

Tant qu'une seule vertu catholique demeure dans l'homme, elle peut devenir, elle devient tôt ou tard une fondation sur laquelle la Providence divine rebâtit tout l'édifice ruiné. Ah ! vous êtes loyal ! Eh bien, Dieu vous connaît, il vous suit au travers du monde, et il vous aidera. — Mon cher monsieur, vous tapez à bras raccourci sur tout ce qu'il y a dans ma tête. Pour un rien, je me mettrais en colère. Mais je ne veux pas être ingrat envers vous. Faites votre affaire ; cette fois-ci je vous écoute très sérieusement. — Bien. Une remontrance vous ennuierait ; vous hausseriez les épaules. De longues explications religieuses et morales auraient à peu près le même résultat. Vous bâilleriez dans le creux de votre main. — C'est vrai. — Cependant, si l'on vous disait : La foi vous viendra, à la condition d'un acte simple et loyal accompli en moins de dix minutes, et qui n'aura pas d'autre témoin que Dieu, vous accepteriez la foi ? — Je l'accepterais... Je me levai ; l'ouvrier se leva. Nous marchâmes à petits pas en regardant l'église. — Monsieur Jean, savez-vous encore votre Pater ? — Oh !... — Et pourriez-vous le réciter couramment ? — Oui, quoique cela ne me soit pas arrivé trois fois depuis ma première communion. — Voici l'église devant nous. Entrez froidement. Si un murmure s'élève dans votre esprit, faites-le taire ; dites-vous : J'ai promis d'être loyal, je dois être loyal. — Je le serai. — Vous irez au bénitier, que les fidèles assiègent quelquefois.

Vous prendrez de l'eau bénite. Vous ferez le signe de la croix lentement et la tête haute, en homme de cœur qui a contracté une obligation et qui la remplit. Puis vous vous isolerez au milieu de la foule. Alors recueillez-vous l'espace d'une minute ; rappelez-vous la promesse qui vous engage et que vous êtes tenu à dégager strictement. Faites ensuite de nouveau le signe de la croix, et debout, une main dans l'autre main, récitez le Pater à voix basse, doucement, très doucement. Vous ferez ensuite encore un signe de croix, et vous sortirez de l'église. — Après cela ? — Rien. — Je comprends. — Pourquoi hésitez-vous ? — C'est plus difficile que cela ne le paraît. — Moins difficile que de céder la place sur le trottoir. — Et si je faisais ainsi que vous me l'avez dit, vous pensez.. ? — Je pense que cet acte bien simple sera un jour votre plus grand et votre plus beau souvenir. Mais si vous ne vous sentez pas maintenant l'énergie et la loyauté nécessaires ... — Ah ! on ne doit pas remettre ces choses-là au lendemain. — Adieu ; je vous prédis que vous serez bientôt un solide et fier catholique. Je lui serrai la main, et je m'éloignai rapidement, sans détourner la tête, demandant à Dieu de faire le reste. Pendant un mois, loin de chercher Jean, je l'évitais. Mais Paris est bien moins grande ville qu'on ne le pense. Jean m'avait guetté, m'avait suivi, et il était parvenu à connaître mon nom et mon adresse, plus avancé en cela que moi, qui ne savais de lui que son prénom de Jean. Un matin je reçois une lettre de faire-part.

Il s'agissait d'un mariage pour le lendemain, entre M. Marteau et Mlle Gilquin, qui m'invitaient à assister à la bénédiction nuptiale. Des noms inconnus ; cela arrive de temps en temps. On cherche. Est-ce mon boulanger, mon fruitier, mon épicier ? Ici se rencontrait un obstacle bizarre : M. Marteau exerçait la profession de fabricant de formes pour chaussures. Je stimulai mes souvenirs : aucune lumière. À la fin, je remarquai que le fabricant de formes de chaussures avait, entre autres prénoms, celui de Jean. Mais une observation de l'autre Jean m'était demeurée dans la mémoire : « J'ai de petits enfants, » m'avait-il dit... Le Jean du trottoir était donc marié ; ce ne pouvait être mon néophyte. Et cependant quelque chose me disait que ce devait être lui... Mon incertitude cessa bientôt. Je venais de dîner : j'allais sortir. Un timide coup de sonnette m'annonce un visiteur. On ouvre. J'écoute le nom : « M. Jean Marteau. » C'était le mien ! c'était mon ouvrier de la rue du Four et de la place Saint-Sulpice ! — Entrez, monsieur Jean, asseyez-vous. Eh bien ! vous allez donc vous marier ? — Mon Dieu, oui, monsieur, demain. — Mais il me semblait que vous étiez déjà marié ? — Pas précisément. Si vous me le permettez, je vous expliquerai la chose. Je vous ai adressé une lettre de faire-part avec l'espoir que vous viendrez à l'église, parce que c'est vous qui avez fait mon mariage ; aussi est-ce surtout à cause de vous que j'ai fait imprimer des lettres de faire-part. — Moi, j'ai fait votre mariage ? — Certainement.

Ah ! c'est un peu long à expliquer. — Mettez-y le temps, et ne trouvez pas mauvais que je rie d'abord, à cette idée que j'ai fait votre mariage sans savoir ni votre nom, ni votre profession, ni votre adresse. — Le bon Dieu sait le nom et l'adresse de tout le monde. Il a eu sa belle part dans l'affaire. L'honnête garçon était ému. Il n'avait pas dit : Dieu, mais le bon Dieu. Je ne sentis jamais si bien la différence. Dieu, ce n'est très souvent que le terme plus ou moins banal des panthéistes et des philosophes, qui en font, au plus beau, le synonyme de l'Être suprême des républicains de 93. Le bon Dieu, c'est le terme de prédilection des catholiques, qui ne craignent pas d'afficher une foi naïve de bonne femme ou de petit enfant : dès qu'un homme, en parlant de Dieu, dit le bon Dieu, je vois le fond de son cœur et je puis lui tendre la main. Je tendis la main à Jean. Je compris, avec une joie intime, que la providence de Dieu avait fait mûrir le grain que j'avais semé. Me voilà donc silencieux près de mon cher visiteur, dont le visage s'épanouit dès les premiers mots de l'histoire qu'il va raconter. — Monsieur, avant notre rencontre de la rue du Four et de la place Saint-Sulpice, j'avais des défauts insupportables. J'ai le droit de les avouer, puisque je ne les ai plus. Je me grisais quelquefois, et je battais ma bonne femme de loin en loin. Vous m'avez enseigné la patience ; cela fut pour moi la meilleure des préparations. Ensuite, vous m'avez poussé dans l'église au moment propice. Il en est survenu comme un miracle. Mais votre Pater m'a fait passer, je vous l'assure, une rude journée ! Pour tenir loyalement ma parole, il m'a fallu plus de force et de courage qu'il ne m'en faudrait dans une lutte contre dix hommes.

Vous avez oublié, peut-être ? — Je n'ai pas oublié, et je vois que le Pater a été bien dit. — Ah ! Seigneur ! Il faut que je l'aie dit comme on ne le dit jamais, car en sortant de l'église, voyez-vous, je ne savais que devenir. Je me sentais moitié heureux, moitié exaspéré en dedans de moi. Tout à coup je me trouve, à ma grande surprise, en face de la maison que j'habite. Je croyais chercher un estaminet pour m'y étourdir, et je revenais chez moi. Je monte, j'entre ; je prends une chaise : je ne dis rien. Ma femme me regarde, et elle s'écrie : « Mon Dieu ! Jean, est-ce que tu es malade ? » Le moyen, après cela, de croire que le Pater était une petite chose insignifiante ! Il m'avait si bien bouleversé, que l'on me croyait malade. Je rassure ma femme ; je lui dis de s'asseoir près de moi, et je lui raconte ce qui venait de m'arriver. Vous pensez bien que je lui avais parlé de vous souvent, et qu'elle vous connaissait on ne peut mieux sans vous avoir jamais vu. Elle m'écoutait, sans souffler mot, en ouvrant de grands yeux. Quand j'ai fini, savez-vous ce que fait ma femme ? Elle se prend à pleurer, mais à pleurer de tout son cœur ! Et moi, Jean, un homme, je fais comme elle. Cela ne m'était peut-être pas arrivé depuis vingt-cinq ans. Enfin, nous nous apaisons, et je me trouve soulagé : petite pluie abat grand veut. Je voyais ma femme bien heureuse ; j'étais aussi bien gai, bien heureux. Nous allons faire une promenade hors barrière avec les enfants. Vous vous souvenez que c'était un dimanche ? — Je m'en souviens. — Nous causions de vous, de votre parapluie, du trottoir, de l'église, des signes de croix que j'avais faits et que pour un rien j'aurais recommencés toutes les dix minutes.

Oui, monsieur ! j'en éprouvais un tel besoin, qu'en apercevant le calvaire de Vaugirard, le cœur m'a battu, et j'ai doublé le pas comme malgré moi pour saluer le calvaire et faire le signe de la croix. — Vous le lui deviez bien. — C'est vrai. Aussi, est-ce justement ce que j'ai dit à ma femme. Nous étions, vers cette époque, à la fin de mai, car il me semble tantôt que cela date d'hier, tantôt que cela date de dix ans. Le soir, au retour de la promenade, une église se rencontre devant nous. On disait la prière du mois de Marie. Nous entrons, avec les petits. Et je vous recommence mon Pater, notre Pater. Ah ! monsieur, que je l'ai bien dit cette fois, et que cela m'a fait de plaisir ! Mes enfants, me voyant prier, priaient aussi d'une petite façon grave. Moi, Jean, un ouvrier, debout au milieu de ces enfants et de leur mère qui priaient dans l'église ; ...pour la première fois de ma vie, je me suis senti l'importance d'un père de famille et d'un citoyen. — Je ne vous fatigue pas ? — Ho !... — Enfin, nous sommes rentrés chez nous et j'ai promis que je ne me griserais plus, et que je ne battrais plus jamais ma femme. Mais il y avait autre chose encore, dont ma bonne Françoise n'osait pas me parler ; nous étions mariés à la ville, mais pas à l'église. Maintenant, mon cher monsieur, vous en savez autant que moi. J'étais ravi ; j'avais les larmes aux yeux. Jean riait de plaisir, un peu d'orgueil, et de l'air d'un homme qui est sûr de se rendre infiniment agréable. Il n'avait pas fini. — Vous voyez donc bien, monsieur, que c'est vous qui avez fait mon mariage, et que je devais vous inviter à venir à l'église demain. — Ah ! mon brave Jean, j'irai ; j'irai avec plus de satisfaction et plus d'empressement dix fois, mille fois, que si vous étiez un millionnaire ou un prince.

— J'en étais bien sûr. Mais je dois vous dire encore un petit mot. Nous marier à l'église, c'était la moindre chose ; nous avons fait mieux que cela. Moi, je n'aime pas les demi-mesures. Devinez-vous, ah ?... — Oui, ah ! — Chut ! Il ne faut pas toucher à ces affaires-là en riant ; vous le savez mieux que personne. Ma femme et moi, nous avons communié ce matin, et bien communié tous deux, je vous le certifie. Ainsi, vous aviez raison, monsieur ; en me quittant sur la place Saint-Sulpice, il y a cinq semaines, vous prophétisiez. Oh ! j'entends encore votre dernière parole : « Jean, je vous prédis que vous serez un jour un solide et fier chrétien ! » Je le suis ! mes enfants le seront comme leur père ! Nous causons encore un moment, aussi attendris l'un que l'autre, puis il me dit : — Eh bien, monsieur, à demain donc. Le lendemain, j'assistai à la messe du mariage. Il y avait peu de monde : une dizaine de personnes et cinq ou six enfants. Je faisais, avec tout le soin possible, honneur aux mariés par l'aristocratie de ma mise. Pour la première fois et la seule fois de ma vie, je regrettai de n'avoir pas un ruban rouge et une croix à ma boutonnière ! Après la messe, j'allai faire ma visite aux nouveaux époux dans la sacristie. On m'attendait évidemment. Je fus salué comme ne le fut jamais un personnage d'importance : les enfants surtout me regardaient d'un air de vénération très amusant. Mais voici Jean en habit noir, bien ganté, bien cravaté, chaussure parfaite, une physionomie tellement digne, que j'hésitais à le reconnaître. Je lui serrai la main en ami, et je voulus faire un petit discours affectueux, un petit compliment d'homme du monde et de chrétien.

Notre émotion dura bien deux à trois minutes, après quoi chacun rentra en possession de sa liberté d'esprit. J'ai pu dire à ces braves gens... Eh ! qu'importe ce que j'ai dit et comment cela finit ! Et si j'acceptai d'être un convive de la noce ! Et ce que Jean a fait depuis ! Il est converti, voilà tout ! Jean prospère, sans hâte ; Jean s'attache bien moins à acquérir une fortune qu'à constituer une famille. Quand vous rencontrez sur le trottoir un luron de haute mine, qui vous cède la place avec une politesse inusitée, ce doit être lui. (Venet, Extraits.)

UN FILS QUI TOMBE DANS LES BRAS DE SON

PÈRE

Un jeune prêtre attaché à l'Hôtel-Dieu de Paris est appelé un soir près d'un homme qui venait d'être apporté tout meurtri, tout sanglant, à la suite d'une rixe de cabaret. En proie à une surexcitation extrême, le malheureux épuise le peu de force qui lui reste en malédictions et en blasphèmes. La vue du prêtre ne fait qu'augmenter sa rage. Vainement le ministre du Dieu de paix s'efforce de ramener à des sentiments meilleurs ce cœur ulcéré ; son zèle demeure impuissant et la prudence le force à mettre fin à des instances évidemment inutiles. Le prêtre s'éloigne donc, le cœur brisé. Le lendemain matin, il revient tout anxieux à l'hôpital. — La nuit a été terrible, lui dit la bonne Sœur qui a veillé au chevet du misérable. Il n'a eu ni un moment de repos, ni un moment de silence ; toujours des douleurs atroces, toujours des blasphèmes ! Il n'y a pas plus d'une demi-heure qu'il est calme. Sa fureur s'est apaisée pendant qu'à la prière nous récitions les litanies du Saint Nom de Jésus. — Avant ma messe, je vais le voir un instant ; ma Sœur, prions pour lui. Puis, sur la pointe du pied, l'abbé alla s'agenouiller près du lit où l'étranger était couché... Il ne s'agitait plus, et ses yeux étaient fermés. « Mon Dieu ! dit tout bas le charitable prêtre, prolongez ce calme pour que je puisse, avec votre grâce, faire descendre dans cette âme quelques pensées de repentir et de confiance. » Après avoir dit ces mots avec une grande ferveur, l'aumônier s'était relevé et allait se rendre à la sacristie. Il avait déjà fait quelques pas dans cette direction lorsqu'il revint tout à coup vers le lit...

Puis, ayant pris dans son bréviaire une image, il l'attacha aux rideaux, de manière à ce que le blessé pût la voir lorsqu'il se réveillerait. Cette image représentait saint Stanislas Kostka en oraison devant une statue de la sainte Vierge. Monté à l'autel, l'aumônier avait peine à se défaire de la pensée du malade. Dans cette multitude d'êtres souffrants, combien n'y en avait-il pas de plus intéressants que lui ? Cependant c'était celui-là qui le préoccupait le plus ; et, durant le saint sacrifice, il pria pour lui plus que pour les autres. La messe terminée, le prêtre, dans un grand recueillement, faisait son action de grâces, quand une Sœur, celle à qui il avait parlé le matin même en entrant dans la salle, vint lui dire d'un air radieux : — Monsieur l'abbé, il vous demande... — Qui ? — L'homme du numéro 48... le furieux d'hier soir. — Les fureurs lui sont-elles revenues ? — Oh ! non ; il est maintenant doux comme un agneau. Il vous demande... — Que Dieu soit béni !... hâtons-nous. Les voici tous les deux auprès du malade... Il ne s'agite plus, il ne se tord plus sur son lit... Son visage n'est plus enflammé, ses yeux ne lancent plus d'éclairs, sa bouche ne blasphème plus. À demi assis sur sa couche, il a les yeux fixés sur une image qu'il tient dans une de ses larges mains ; de l'autre, il essuie la sueur froide qui ruisselle sur son visage... Sa préoccupation est telle qu'il n'entend ni ne voit le prêtre et la Sœur arrivés près de lui... Enfin l'inconnu, levant les yeux, eut comme un sourire de reconnaissance sur ses lèvres, qui, la veille, ne proféraient que malédictions et blasphèmes ; et, d'une voix presque douce, il demanda : — Qui a attaché cette image au rideau de mon lit ?

— C'est moi, répondit l'abbé. — Est-ce que vous me connaissez ? — Aucunement. — Pourquoi donc avez-vous mis près de moi l'image de saint Stanislas ? — Parce que j'ai grande confiance en lui. — Ah !... vous n'avez pas eu d'autres raisons ?... C'est que moi, ajouta-t-il en passant sa main sur son front, c'est que moi aussi... j'ai aimé ce nom... je l'aime encore... À ces mots, l'inconnu porta l'image à ses lèvres : des pleurs jaillirent de ses yeux, sa bouche s'entr'ouvrit. « Mon Dieu ! proféra-t-il, mon Dieu !... » Et ses convulsions de la nuit le reprirent. Moins violentes que celles de la veille, elles ne durèrent pas longtemps. Lorsqu'il fut redevenu plus calme, il se mit à parler, mais comme à lui-même ; quoique ses yeux fussent grands ouverts, il avait l'air de ne voir personne. « C'est étrange, disait-il, ce nom que je ne prononce plus... je le trouve ici, sur cette image... et attaché à mon lit... Quand ce prêtre a donné la communion... j'ai pu le regarder... j'ai fixé mes yeux sur les siens... ; ils ressemblent à ceux que j'ai tant fait pleurer !... Hier, j'ai blasphémé contre lui... Lui et sa robe noire me faisaient horreur !... Un tel changement s'est opéré en moi pendant sa messe, que, si je le revoyais à présent, je le bénirais. » — Me voici ! me voici ! s'écrie l'abbé, me voici près de vous... Je ne sais pas qui vous êtes, mais jamais, pour aucun malade apporté ici, je n'ai ressenti au cœur autant de charité... Je donnerais ma vie pour sauver votre âme. — Oh ! mon âme !...

Si vous saviez combien je l'ai souillée, vous ne penseriez pas à me sauver... — Arrêtez ! au nom du Sauveur Jésus, ne désespérez pas de la miséricorde divine. Parlant ainsi, le jeune prêtre était tombé à genoux près du lit, tenant les mains de l'étranger dans les siennes et les arrosant de ses pleurs. Après quelques instants, l'inconnu, qui ne retirait pas ses mains de celles de l'aumônier et qui laissait couler d'abondantes larmes, dit d'une voix plus calme : — Voilà plus de vingt-trois ans... à Nantes... que j'ai abandonné, que j'ai condamné aux privations, au chagrin, à la misère peut-être, ma femme et mon fils... — Quoi ! s'écria le prêtre en se relevant et en se penchant sur l'inconnu, vous avez une femme, un fils !... vous avez habité Nantes... Ah ! encore un mot, un seul mot, je vous en conjure ; votre nom ? L'inconnu se nomme. Impossible de douter plus longtemps. L'abbé Stanislas n'est plus debout, il est dans les bras, sur le sein de son père !... Les battements de leurs cœurs, leurs larmes de joie se confondent. Mais, il n'y avait pas de temps à perdre. L'abbé parle d'un confesseur au pécheur repentant. « C'est vous que je choisis, répond celui-ci ; je veux vous déclarer tous mes crimes et vous dire combien mon odieuse conduite envers votre pieuse mère m'a rendu malheureux ! » Lorsque le pardon appelé par son enfant descendit sur le coupable, quelle ne fut pas la joie, l'indicible bonheur et du père et du fils ! Le repentant pardonné respirait à l'aise, le poids de ses péchés ne l'oppressait plus ; et le prêtre qui avait enlevé ce poids répétait avec transport : « Celui que je vois maintenant sur le chemin du ciel, c'est mon père ! Oh ! Seigneur, soyez, soyez à jamais béni ! »

Les joies du pardon

LE ROSIER DU MOIS DE MARIE

Papa, disait une enfant de six ans à un ancien militaire qui, nouveau Cincinnatus, occupait ses loisirs à cultiver ses jardins et ses champs, donnez-moi ces jolies roses qui sentent si bon, et dont la blancheur égale celle des lis. — Pour les effeuiller, sans doute ? répondit le père à l'enfant. — Non, non, répliqua celle-ci : elles sont trop belles pour cela. — Mais qu'en feras-tu ? — C'est mon secret. — Ton secret ! Le mot est risible... Et si je te donnais l'arbuste entier, me dévoilerais-tu cet important mystère ? — Cher Papa, donnez toujours ; je vous dirai plus tard à qui je destine ces fleurs. — À la tombe de ta pauvre mère, sans doute ? — C'est bien pour ma mère... mais... pour ma Mère du ciel. » En prononçant ces derniers mots, la voix de l'enfant avait un accent si pénétrant et si doux, que le père, sans en avoir compris le sens, en fut néanmoins profondément ému. Il s'avança donc vers le rosier, le détacha habilement de la terre, et le remit entre les mains de sa petite fille, qui s'éloigna aussitôt, emportant avec elle son cher trésor. Quand la bonne petite rentra au logis, il était déjà tard. Son père l'embrassa plus tendrement encore que de coutume et se retira dans sa chambre pour prendre un repos bien nécessaire après une journée employée à de rudes labeurs. Mais, hélas ! le sommeil ne vint point fermer ses paupières : une agitation fébrile, inaccoutumée, s'était emparée de son esprit : les souvenirs d'un passé grossi d'orages revenaient à sa mémoire et lui causaient un indicible effroi. Lui, le brave guerrier, le soldat intrépide, que le bruit du canon et de la mitraille n'avait jamais fait pâlir, éprouvait un saisissement inexprimable.

Pour calmer ces cruelles angoisses, vrai cauchemar de l'âme causé par le remords, il se mit à balbutier quelques-unes de ces prières qu'aux jours de son enfance il avait bien des fois redites sur les genoux maternels ; et les mots bénis qui, depuis tant d'années peut-être, jamais n'avaient effleuré les lèvres du vieux militaire, vinrent s'y placer en ordre les uns après les autres, et former ce tout sublime connu sous le titre d'Oraison dominicale ou prière du Seigneur ... La prière ! ce cri du cœur, cet élan de l'âme vers Celui qui l'a créée, qui l'aime, qui veut et qui peut seul lui donner le bonheur, est un de ces remèdes efficaces et doux, dont l'effet ne tarde pas à se faire sentir. Notre homme en fit la consolante épreuve. Un rayon d'espérance vint tout à coup dissiper les ténèbres dont, un instant auparavant, son entendement était enveloppé : « Si je suis pécheur, se disait-il, si, pendant de longues années j'ai vécu en véritable païen, en ennemi de Dieu, tout n'est pas perdu pour moi. N'ai-je pas un petit ange a placer entre moi et la justice du Seigneur prête à me frapper ? » En pensant à son enfant, l'ancien soldat s'endormit, et un songe ravissant acheva de le calmer. Il se crut transporté dans un de ces temples majestueux élevés par le génie de la foi au Dieu trois fois saint. Au bas du chœur, à l'entrée de la nef principale, était un autel étincelant de mille feux et surmonté d'une gracieuse statue de la Vierge Marie. Une foule de fidèles montaient et descendaient les marches de l'autel, déposant aux pieds de l'image vénérée des fleurs et des couronnes. Une délicieuse harmonie ajoutait au charme de cette pieuse vision. Mais bientôt la foule s'écoula ; les chants cessèrent ; les lumières s'éteignirent ; la lampe du sanctuaire seule projetait ses vacillantes clartés sur le candide visage d'une petite fille qui s'avançait furtivement vers l'autel, et y déposait un rosier chargé de blanches fleurs.

Ici le vieillard s'éveilla : le secret de sa chère enfant venait de lui être révélé ; et quand, le matin, elle accourut joyeuse vers lui pour l'embrasser : « Moi aussi, lui dit-il en la prenant sur ses genoux, j'ai un secret. » L'enfant sourit : « Vous me le confierez, Papa ? dit-elle à son tour. » — » Non, ma petite, tu le verras. » Le dernier jour du mois de mai 186..., un militaire ayant sur sa poitrine le signe des braves, s'approchait de la Table sainte. Une jeune enfant le suivait du regard et semblait envier son bonheur. Quelques instants après, le prêtre qui venait de célébrer les saints mystères, s'approcha de nouveau de l'autel, et détacha d'un rosier, placé aux pieds de la sainte Vierge, une branche encore toute fleurie. Il la présenta ensuite au vieux guerrier, qui la baisa respectueusement. Depuis cette époque, elle figure comme un trophée au-dessus des armes appendues aux murs de sa demeure, et, chaque fois que les regards du vieillard se portent sur ce rameau desséché, il murmure une prière à Marie, l'aimable et tendre refuge des pauvres pécheurs.

LA STATUETTE DE SAINT ANTOINE

É levé par une pieuse mère, D***, officier aussi loyal que brave, avait eu la foi, mais la vie des camps et des casernes avait effacé l'empreinte primitive de la religion et il en était arrivé à cette indifférence froide et triste qui est une forme honnête de l'impiété. Son épouse, restée maîtresse pour elle-même et pour sa fille de toutes les pratiques de la dévotion, n'en pleurait pas moins l'égarement de celui qu'elle aimait assez sur la terre, pour ne pas vouloir en être séparée au ciel. Depuis longtemps déjà, ses prières montaient toujours vers le Ciel et imploraient l'appui de la Reine des vierges. Rien ne venait la consoler. Un jour même, une nouvelle peine vint s'ajouter aux autres : son mari lui avait appris qu'il était franc-maçon ! Ce n'était plus seulement l'indifférence, c'était l'impiété réelle et notoire, l'impiété publique et affichée... ; et, en pensant à cela, Mme D*** serrait sa fille sur son cœur comme pour la préserver d'un malheur, ou peut-être pour avoir recours à l'innocence de l'enfant, contre le péril que courait l'âme du père. Tout-à-coup, ses yeux se portèrent sur une statuette de saint Antoine de Padoue qui ornait sa chambre, et une idée subite s'empara de son âme attristée... « Mon enfant, dit-elle à sa fille, mon enfant, il faut que tu pries beaucoup saint Antoine pour obtenir de lui que ton père retrouve ce qu'il a perdu ! — Qu'a-t-il donc perdu, ma mère ? — Tu le sauras plus tard, mais prie et... n'en dis rien à ton père. » Le regard naïf de la jeune fille se leva vers la statuette, et ses lèvres s'ouvrirent pour laisser échapper ces paroles : « Grand Saint, faites retrouver à mon père ce qu'il a perdu. »

En ce moment la porte s'ouvrait, et M. D*** venait avertir sa femme qu'il allait sortir. Il avait tout entendu et se demandait tout en marchant ce que cela pouvait bien être. « Qu'ai-je donc perdu, se disait-il ? C'est sans doute ma femme qui aura égaré quelque chose... ; mais quelle idée d'aller redemander cela à cette statue ! Après tout, peu importe ! Elle est si bonne épouse et si bonne mère !... C'est égal, il faut que je lui dise de ne pas s'inquiéter, car enfin si j'avais perdu une chose sérieuse, je le saurais bien. » Comme on était aux premiers jours de juin, M. D*** jugea que la soirée assez belle lui promettait plus de jouissance à la campagne qu'entre les quatre murs de la loge. « Une idée ! se dit-il en se frappant le front, je vais chercher ma femme et ma fille et nous irons faire un tour à la campagne... ; mais qu'ai-je donc perdu ?... » Mme D*** eut un sourire de bonheur et jeta un regard qui disait merci à saint Antoine, quand son mari vint lui dire son idée ! mais elle resta muette et se sentit rougir lorsqu'il ajouta : « Dis donc, est-ce que j'ai perdu quelque chose ? — Pourquoi me demandes-tu cela ? répondit-elle. — C'est que j'ai entendu la petite. » La conversation en resta là, mais l'embarras de Mme D*** n'avait pas échappé à son mari, et souvent encore il se demandait : « Qu'ai-je donc perdu ? » Le 12 juin au soir, Mme D*** se trouvait encore dans sa chambre avec sa fille, et l'enfant redisait avec ferveur sa naïve prière : « Grand Saint, faites retrouver à mon père ce qu'il a perdu ! » « Mais enfin, dis-moi donc ce que j'ai perdu, s'écria M. D*** en entrant violemment dans la chambre... Depuis huit jours, je me le demande... Depuis huit jours, cette pensée m'obsède...

Tu fais toujours prier ta fille pour cela, mais tu ferais bien mieux de me le dire, car je saurais si cela vaut la peine de fatiguer cette enfant ! » Mme D*** se leva, en regardant son mari avec calme : « Mon ami, lui dit-elle, serais-tu content de me quitter pour toujours ? — Ah ! pour cela non ! et si c'est pour cela que tu pries et que tu vas à l'église, tu peux t'abstenir ! — Cependant, mon cher ami, si tu ne retrouves pas ce que tu as perdu, il faudra nous quitter un jour..., et pour toujours ! — Mais qu'est-ce donc ?... Dis, je t'en conjure..., qu'ai-je donc perdu ? — La foi... la foi de ta mère !... et je ne veux pas te quitter, moi... Oh ! je ne le veux pas... il faut que tu la retrouves ! » Et la pauvre femme pleurait, pendant que, sans ajouter un seul mot, M. D*** sortait. « La foi, disait-il, la foi de ma mère... de ma femme et de ma fille ! ». Et pendant toute la nuit, Mme D*** qui priait, l'entendait marcher, s'agiter et répéter souvent : « La foi... la foi de ma mère ! » Le lendemain matin, M. D*** entre sans rien dire, dans la chambre de sa femme ; puis, comme éveillé par une idée subite : « Est-ce que vous avez une fête aujourd'hui ? — Oui, mon ami, la fête de saint Antoine de Padoue. — Ah ! le petit Saint de la cheminée ! ... Eh bien ! merci, saint Antoine ! » Et comme Mme D*** le regardait anxieuse... « Oui, oui, ma femme, s'écria-t-il en ouvrant les bras, oui, c'est fait, j'ai retrouvé ce que j'avais perdu ; — mais nous devons un beau cierge à ton petit Saint, allons le lui porter ! »

Et quelques minutes plus tard, le frère Portier du couvent des Franciscains appelait un Père pour confesser M. D*** qui avait retrouvé la foi. (R. P. Apollinaire.)

LE CHEMIN DU CŒUR

Un honorable ecclésiastique de Paris venait d'être appelé pour confesser une vieille femme mourante dans une de ces maisons qui servent de refuge aux chiffonniers ; il entendit des cris plaintifs partir d'une chambre voisine et comme le bruit d'un corps qui tombe. Il s'y précipite et voit une femme étendue sur le carreau, qu'un homme rouait de coups. « Ah ! malheureux ! » s'écrie involontairement l'abbé. L'homme se retourne, et, apercevant le prêtre, il lui dit : « Que viens-tu chercher ici, calotin ? Tu vas passer par la fenêtre. » Et, le saisissant par le collet et la ceinture, il le soulève de terre et se rapproche de la fenêtre. C'était au troisième étage. L'abbé avait conservé sa présence d'esprit. Rapide comme l'éclair, un souvenir se présente à lui, et sans paraître ému, il lui dit : « Moi qui venais vous chercher pour porter secours à une pauvre voisine qui se meurt ! » L'homme s'était arrêté ; il était temps : la fenêtre ouverte n'était plus qu'à un pas. Il repose l'abbé par terre en lui disant : « Qu'est-ce que c'est ? — Une pauvre femme qui se meurt sur un véritable fumier, et je venais pour que vous m'aidiez un peu à la secourir. — Voyons. » Et l'abbé le conduisit dans la pièce contiguë et lui montra une vieille femme étendue

152

sur un misérable grabat couvert d'une paille infecte, dans le paroxysme d'une fièvre brûlante, à peine recouverte de quelques misérables haillons. « Ah ! pauvre femme ! dit le chiffonnier dont la colère était tout à fait tombée à cet aspect. — Je vais vous prier, lui dit l'abbé en lui tendant une pièce de 40 sous, de me procurer deux ou trois bottes de paille fraîche pour qu'elle soit un peu moins mal. — Tout de suite. » Et, prenant la pièce, il s'élance, descendant quatre à quatre les marches de l'escalier vermoulu. À peine était-il parti que toutes les portes du corridor s'ouvrirent, et tous les habitants, les femmes surtout, y compris celle qui venait d'être battue, se précipitent en disant :

« Sauvez-vous, monsieur l'abbé, sauvez-vous vite pendant qu'il est loin. Il est aussi fort qu'il est violent, et s'il vous retrouve ici, il pourrait bien vous faire un mauvais parti. — Non, non, répondit l'abbé en souriant, je resterai. Je l'ai entrepris. Il vaut beaucoup mieux que vous ne croyez, et il faudra bien que j'en vienne à bout. » On l'entendit remonter. Chacun était rentré chez soi, fermant soigneusement sa porte. Il arrivait en effet, chargé de trois bottes de paille qu'il jeta à terre à la porte de la malade. Il en délie une, étend la paille par terre, et enlevant la pauvre infirme aussi délicatement qu'aurait pu le faire une sœur de charité, il la pose dessus avec précaution. Ouvrant la fenêtre, il jette dans la rue, sans trop de souci des ordonnances de police, le fumier infect qui couvrait le grabat, et le remplace par la paille fraîche des deux autres bottes ; il la recouvre de ce qu'il trouve de mieux dans tous ces haillons, et replace sur son lit avec le même soin la vieille femme, qui le remercie par signes et surtout par l'air de satisfaction et de bien-être avec lequel elle s'arrangeait sur sa couchette. L'abbé l'avait regardé avec bonheur, et dès que tout fut fini, lui prenant la main, il lui dit : « Tenez, je gage que vous êtes plus content de vous que si je vous avais laissé battre votre femme tout à votre aise. — Ah ! dame ! je ne dis pas ; et, regardant la vieille voisine, il ajouta : Pauvre femme, je ne savais pas qu'elle fût si mal. — Vous êtes un brave homme, j'ai vu comme vous vous y preniez bien pour elle, et avec quel soin. — Oh ! c'est qu'elle est si faible ! — Je reviendrai la voir dans quelques jours, et j'aurai bien du plaisir à vous voir.

— Ah ! monsieur l'abbé, dit-il en rougissant un peu ; et prenant la main que l'abbé lui tendait de nouveau : Excusez si j'étais bien en colère tout à l'heure. — Je n'y pense plus, et à revoir. Cependant vous allez me faire une promesse. — Quoi donc ? — Je reviendrai dans cinq à six jours, et d'ici-là vous ne battrez pas votre femme. — Ah ! c'est qu'il y a des moments qu'elle m'impatiente. — Eh bien ! dans ces moments-la, vous irez voir cette pauvre voisine... C'est promis, à revoir. » Et sans attendre davantage, il secoue la main du chiffonnier et se hâte de partir. Il revint effectivement au bout de cinq jours, et après sa visite à la pauvre vieille, qui lui raconta en pleurant combien son terrible voisin avait été bon pour elle, il entra chez lui. En le voyant, la femme se précipite vers lui en lui disant : « Ah ! monsieur l'abbé, vous m'avez sauvé deux roulées. » Le mari, un peu confus, ajouta : « Ah ! oui, les mains m'ont bien démangé... Mais j'ai fait comme vous m'avez dit, et je ne rentrais que quand la colère était passée. — Vous le voyez, dit l'abbé, on peut toujours en venir à bout, et je suis sûr qu'après ces deux fois vous avez trouvé votre femme bien plus douce. » La glace était rompue, et l'abbé en profita pour parler un peu charité et amour du prochain. Nul n'avait mieux que lui, qui prêchait si bien d'exemple, le droit d'en parler. De là il passa un peu à l'amour de Dieu, et quitta le couple enchanté, emportant une nouvelle promesse de patience et celle d'une visite du mari. Sous cette grosse enveloppe il cachait un cœur intelligent et bon, et il ne fut pas difficile à l'abbé de le ramener à Dieu. Après avoir été la terreur de son quartier par sa force et sa violence, il en devint le modèle et l'apôtre.

Plus d'une fois il amena à l'abbé d'anciens camarades dont il avait déterminé la conversion. Un matin, l'abbé se trouvait d'assez bonne heure à Saint-Sulpice. Il le vit entrer et, après une courte prière, s'approcher du tronc des pauvres, y jeter quelque chose et se retirer précipitamment. Il le suivit, et l'ayant rejoint dehors, il lui demanda ce qu'il venait de faire. Le chiffonnier hésita à répondre, mais, certain que l'abbé avait tout vu, il lui dit : « Eh bien ! c'est l'argent de mon déjeuner que j'y ai jeté. Autrefois je n'en ai que trop dépensé au cabaret. J'ai donné des scandales, vous le savez mieux que personne. Pour les réparer autant que je le puis, je jeûne quelquefois, et comme il ne serait pas juste d'en tirer profit, je viens jeter ici, pour les pauvres, l'argent que mon déjeuner m'aurait coûté. » (L'abbé Mullois.)

LE NOUVEL AUGUSTIN

Un jeune homme du nom d'Augustin, emporté par ses passions ardentes, était tombé dans le désordre presque au terme de ses études. Ne connaissant plus ni frein ni règle, il n'écoutait même pas sa mère et restait insensible à ses larmes comme à ses reproches. Par intervalles cependant, le remords venait troubler la conscience du jeune libertin, mais il tâchait de s'étourdir davantage et se plongeait dans la dissipation. Soudain, une maladie de poitrine se déclara. Inquiète de le voir partir pour la capitale avec une toux opiniâtre, sa plus jeune sœur, Anna, cacha, sans le lui dire, une médaille de la sainte Vierge dans l'habit qu'il portait. Ce pieux stratagème fut sans effet sur lui. Loin de là : « On s'est donné une peine inutile, écrivit-il bientôt ; je prie qu'on ne recommence pas, mon tailleur a bien autre chose à faire qu'à découdre des médailles. » Les symptômes de la maladie ne tardèrent pas à devenir inquiétants, et firent de rapides progrès ; des crachements de sang menaçaient d'étouffer tout à coup le malade. Ainsi la mort le pouvait frapper à toute heure : pauvre Augustin ! il n'était pas préparé à paraître devant Dieu, il ne songeait pas même à s'y disposer. Un jour, dans une entrevue qu'il eut avec sa sœur religieuse, celle-ci lui avait dit avec tendresse : « Mon cher Augustin, songe donc à mettre ta conscience en règle avec Dieu ; moi qui t'aime tant, je ne puis soutenir la pensée de te savoir loin de lui. » Pour toute réponse, le jeune homme avait serré avec émotion la main de sa sœur, puis il avait cherché à changer une conversation qui semblait le fatiguer. Un autre jour, une crise violente ayant fait appréhender que sa dernière heure ne fût arrivée, sa mère avait fait prier l'aumônier, premier dépositaire des secrets du cœur de son fils, d'accourir en toute hâte.

L'aumônier s'était présenté sans retard avec sa douce parole, son regard ami. Augustin n'avait voulu rien entendre, et le vieillard s'était retiré les yeux pleins de larmes amères. Mais pendant qu'Augustin repoussait le ministre de Dieu, on priait pour lui dans les sanctuaires consacrés à Marie, si bien surnommée l'espérance des désespérés : l'heure du triomphe de la grâce ne devait pas tarder à sonner. Soudain une crise affreuse se déclare, c'est le dernier avertissement du ciel. Surmontant alors sa douleur, la mère d'Augustin s'approche de son lit et lui dit avec amour : « Mon fils, je t'en supplie, ne diffère pas davantage ; si cette crise continue, es-tu sûr d'en supporter l'effort, dans l'état d'épuisement où tu es ? » Courageuse mère, pour sauver l'âme de votre enfant, vous avez su triompher des faiblesses du cœur maternel ; mais aussi, que votre âme abattue fut consolée quand le pauvre malade, levant vers vous son regard mourant, vous dit : « Je le veux bien, faites venir M. le Curé ! » Celui-ci arriva promptement, fut reçu à bras ouverts, et commença avec le jeune homme un de ces mystérieux entretiens dont le ciel seul connaît le secret et qui réhabilitent les âmes devant Dieu. Quand le prêtre sortit, le malade était calme, une douce joie brillait sur son visage. Augustin, qui depuis trois mois n'avait pour sa mère qu'une froideur glaciale, triste fruit de son esprit aigri et chagrin, l'appela près de son lit et l'embrassa avec tendresse ; c'était le témoignage de la réconciliation qu'il venait de cimenter avec Dieu, l'expression filiale de sa conscience tranquillisée. À partir de ce moment, le plus admirable contraste se fit remarquer dans le jeune malade ; on le voyait subir d'heure en heure l'influence de l'action céleste.

Lui adressait-on des paroles de piété ? il les recevait avec reconnaissance. Lui faisait-on une lecture édifiante ? il l'écoutait avec une douce attention. Les Confessions du grand évêque d'Hippone faisaient, entre tous les autres livres, ses plus chères délices. C'est mon histoire que je lis, disait-il avec un pieux sentiment d'amour de Dieu. Il contemplait avec bonheur la croix de Jésus, cherchant à participer à la vertu qui s'en échappe pour le chrétien supportant sans se plaindre les plus cruelles douleurs. Il fit publiquement ses excuses à tous les membres de sa famille et aux personnes de la maison pour les scandales qu'il avait donnés, et particulièrement au vénérable ecclésiastique dont il avait refusé le ministère quelques mois auparavant. Sa mort fut des plus édifiantes : le pécheur était devenu un saint.

VAINCU PAR L'EXEMPLE

Un enfant pieux était placé dans un très mauvais atelier de tourneur ; c'était véritablement pour lui un enfer. Pour comble de malheur, le patron avait un contrat passé avec les parents et ne voulut pas entendre parler de rupture. Le jeune apprenti fut tenté de se désespérer ; mais soutenu par les conseils de son confesseur, il se résigna. Les attaques allaient toujours croissant. Enfin, un dimanche, le pauvre enfant vient se jeter dans les bras de l'aumônier, et, fondant en larmes, lui fait part de ses nouveaux tourments ; il se plaint surtout d'un ouvrier qui s'acharne après lui plus que les autres et le harcèle de ses impiétés. Quel remède à cette situation ? « Un seul, la prière ! Priez pour la conversion de ce malheureux ! Tout est possible à Dieu. » lui dit le confesseur. Resté seul dans un petit sanctuaire, l'enfant se prosterne devant une statue de la Sainte Vierge, pleure à chaudes larmes et prie longtemps avec la plus grande ferveur. Le samedi suivant, l'apprenti amenait aux pieds de l'aumônier du Patronage le malheureux ouvrier sincèrement converti, autant par les prières que par les bons exemples et la résignation de l'enfant. Peu de temps après, tous les deux s'approchaient de la sainte Table, comblés de grâces et de consolations. Cet ouvrier persévéra dans son heureux retour et prit énergiquement la défense du pauvre apprenti. Ce n'est pas tout. Quelque temps après, le patron lui-même vint trouver le directeur du Patronage, lui avouant que l'exemple des vertus simples et modestes de son apprenti, joint à des malheurs de famille, avait profondément touché son cœur. «Je me suis déjà confessé à M. le Curé, dit-il, et j'y retourne ce soir. Demain je fais mes Pâques. Désormais je ne veux pas d'autres apprentis, ni d'autres ouvriers que ceux du Patronage.

Jamais je ne travaillerai le dimanche, jamais une mauvaise parole ne sera prononcée chez moi. Veuillez, monsieur, me considérer comme un des vôtres, comme tout dévoué à la religion et à la moralisation de la classe ouvrière. » Ne faut-il pas dire après cela que la prière et le bon exemple peuvent convertir les cœurs les plus endurcis ?

LA FILLE DU FRANC-MAÇON

J'ai été appelé, racontait en 1865 un vénérable religieux passioniste, pour administrer un mourant à Brooklyn. C'était un allemand, que j'avais eu l'occasion de rencontrer plusieurs fois. Sa fille unique, excellente catholique, me prévint que son père était franc-maçon et qu'il fallait exiger sa rétractation. « Après avoir entendu sa confession, je lui demandai s'il n'avait pas appartenu à quelque société secrète. — Oui, mon Père, je suis franc-maçon ; mais, vous le savez, en Amérique, cela n'est pas mal. — C'est une erreur, lui dis-je ; la franc-maçonnerie est condamnée partout où elle existe. Il vous faut donc rétracter tout ce que vous avez pu promettre et me délivrer vos insignes. « Le malade fit bien quelques difficultés, mais il avait gardé la foi, et il signa la rétractation que je rédigeai : puis il me fallut faire de nouvelles instances pour obtenir son écharpe, son équerre et sa truelle d'argent, son tablier de peau et son rituel, renfermés dans une armoire près de son lit. Je dus lui expliquer la nécessité de se dépouiller de tous ces objets s'il voulait faire preuve d'un repentir sincère et d'un retour efficace à l'Église. Je sortais, emportant les dépouilles opimes, et tout heureux d'avoir arraché son âme au démon. « La jeune fille m'attendait sous le vestibule : Eh bien ! dit-elle, mon père vous a tout remis ? Tout, n'est-ce pas ? Il a fait la paix avec Dieu ? — Voyez plutôt, ma fille. Et je lui montrai les objets que j'avais à la main. Elle les prend l'un après l'autre, et puis, d'un air triste, elle dit : « Non, tout n'est pas là ; il n'a pas eu de peine à vous remettre ces insignes ; il lui en a coûté davantage pour ce livre, qui est particulier à son grade.

Mais il y a encore autre chose. — Quoi donc ? — Un écrit dont j'ignore le contenu ; mon père m'a recommandé de le porter tout cacheté après sa mort au chef de sa Loge. Ce doit être quelque secret important. » « Je retourne près du malade, et je lui dis : « Mon pauvre ami, pourquoi me trompez-vous ? Vous allez paraître devant le tribunal de Dieu ; croyez-vous échapper à sa justice ? Vous avez encore quelque chose à me livrer. » Le malade parut consterné ; je remarquai la pâleur de son visage et le trouble de ses yeux ; puis il dit avec un certain embarras : « Mais vous avez tout emporté, je n'ai plus rien à vous livrer. — Non, il y a un écrit comme en font tous les francs-maçons. — C'est une erreur, mon Père, je n'ai plus rien. » Je redoublai d'instances : tout était inutile, le démon allait triompher. J'employais tous les moyens que je croyais efficaces en telle occasion. Je n'obtins rien : le malade niait, ou ne répondait pas. Alors, sa fille ouvre la porte et se jette à genoux au pied du lit : « Oh ! mon père, de grâce, sauvez votre âme ; votre fille serait trop malheureuse. Vous dites que vous m'aimez, prouvez-le maintenant. » « Le malade ne s'attendait pas à cette secousse : les embrassements et les larmes de sa fille l'émeuvent ; elle lui prodigue les caresses les plus vives ; elle lui dit les paroles les plus tendres, lui parle du ciel qu'il perd, et le malade veut répondre : « Tu sais que je n'ai rien de caché. » Sa fille, prenant un ton inspiré : « Ne mentez pas, mon père ; vous avez toujours été franc ; que je ne rougisse pas de votre nom. Donnez au Père le papier que vous m'avez recommandé de porter au vénérable de la Loge. » « À ces paroles, le malade pousse un cri ; puis, faisant un effort, il dit en soupirant : « Non, ma fille, tu ne rougiras pas de ton père.

Tiens, prends cette clef à mon cou, ouvre le tiroir, et donne au Père le papier qu'il renferme. » Puis il tombe affaissé. « Sa fille, prompte comme l'éclair, avait exécuté ses ordres et me remettait un pli cacheté en disant : « Victoire ! mon père est sauvé ! » Cette scène m'avait profondément touché. Le courage de cette fille me rappelait une chrétienne des premiers siècles. Le malade vécut encore quelques heures, et ses dernières paroles étaient un acte de contrition, en même temps que de foi et d'espérance. J'ouvris, en présence de sa fille, le pli cacheté. C'était un serment signé avec du sang. J'avais entendu parler de ce genre d'écrits en usage chez les chefs de la franc-maçonnerie ; mais quand je parcourus ce papier, je n'en pouvais croire mes yeux. C'était le serment d'une guerre sans fin, sans merci, contre l'Église, la papauté et les rois ; avec les plus exécrables malédictions s'il violait sa parole. Ce papier, je l'ai remis entre les mains de l'archevêque, afin qu'il pût apprécier aussi bien que moi la malice infernale de la franc-maçonnerie. »

UN VOYAGE DE CENT LIEUES EN AUSTRALIE

D ans une de ses courses apostoliques au milieu des régions peu fréquentées de l'Australie, Mgr Polding tomba malade et fut soigné avec un dévouement admirable par une veuve. Le vénérable prélat, revenu à la santé, lui fit promesse qu'à quelque époque de l'année et en quelque lieu qu'il fût, il reviendrait, à son appel, lui administrer les derniers sacrements. Bien des saisons se passèrent, et une nuit d'automne arriva une lettre invitant l'archevêque à remplir la promesse faite à sa bienfaitrice qui se mourait. Sans hésiter un seul instant, le digne prélat, en dépit de la rigueur de la saison, se mit immédiatement en route. Après avoir bien marché des heures et des jours, il arriva haletant et harassé à la maison qu'il était venu chercher de si loin ; mais à son grand étonnement, il trouva une solitude complète. Pendant que l'archevêque méditait ce qu'il allait faire, son attention fut appelée soudain par le bruit de la hache d'un bûcheron. Se dirigeant immédiatement vers l'endroit d'où partait le bruit, il se trouva bientôt en face d'un robuste Irlandais. Mgr Polding apprit de lui que la vieille dame, craignant quelque retard de sa part, s'était décidée, bien que mourante, à aller chercher ailleurs des secours spirituels ; mais le bon Irlandais ne put lui indiquer la direction qu'elle avait prise. Le prélat comprit qu'il serait complètement inutile d'aller à sa recherche mais une inspiration lui vint. Il s'assit sur un tronc d'arbre, et, s'adressant au bûcheron, il lui dit : « Eh bien, mon brave, après tout, je n'ai pas l'intention d'être venu ici pour rien. Ainsi, mettez-vous à genoux, et je vais entendre votre confession. » L'Irlandais commença par s'excuser, alléguant son manque de préparation, le long laps de temps écoulé depuis sa dernière confession, etc. ; mais tous ces scrupules furent combattus par l'archevêque, et le bûcheron finit par s'agenouiller, repentant et contrit ; pour recevoir l'absolution de ses fautes.

L'archevêque lui fit promettre d'aller communier le dimanche suivant, et ils se séparèrent. Mgr Polding avait à peine fait quelques pas qu'il entendit un profond gémissement. Il revint en toute hâte et trouva son pénitent mort, écrasé par la chute d'un arbre. Combien n'est donc pas admirable la miséricorde de Dieu, qui appelle ainsi un évêque à des centaines de lieues de sa résidence, par des chemins pleins de dangers et par le temps le plus rigoureux, pour ouvrir les portes du ciel à l'âme d'un pauvre homme sur le point de comparaître à son tribunal ?

RIEN N'EST IMPOSSIBLE À DIEU

D ans une antique cité des bords du Rhin, la femme d'un cordonnier, qui vivait dans une extrême misère, se rendit chez l'évêque, pour lui demander secours et protection. Le prélat était connu comme le consolateur de toute espèce de souffrances : les vieillards, les veuves, les orphelins, les infirmes, les aveugles, tous ceux qui souffraient physiquement ou moralement, approchaient de lui, malgré sa haute dignité, avec confiance et abandon. Quand l'évêque eut entendu les plaintes de la pauvre femme, il lui dit amicalement, mais cependant sur le ton du reproche : « Je ne suis pas assez riche, bonne femme, pour vous donner l'aumône deux fois par semaine. » La pauvre femme répondit sans oser lever les yeux : « Que Votre Grandeur daigne m'excuser ; mais mon mari est depuis longtemps alité et tourmenté de si grandes douleurs !... — S'il en est ainsi, s'écria l'évêque, je ne saurais vous refuser, car, pour des cas semblables, j'ai toujours une somme en réserve. Je veux voir aussi votre mari et lui apporter quelques consolations spirituelles. » À ces mots, la pauvre femme se montra inquiète et embarrassée : « Que Votre Grandeur ne se dérange pas... Mon mari a de singulières idées. — Malgré cela je réaliserai mon projet, interrompit sérieusement l'évêque qui se figura que cette maladie attribuée au mari était un prétexte pour obtenir un secours plus abondant. — Il faut donc que je vous avoue franchement, dit la pauvre femme tout en larmes, que mon mari est si profondément irréligieux qu'il ne veut entendre parler d'aucun prêtre. — Cela ne m'empêchera pas de l'aller visiter, d'autant qu'il est, je le vois, doublement malade.

Peut-être, humble instrument de Dieu, pourrai-je le ramener dans la bonne voie. » La pauvre femme courut avec le cœur inquiet près de son mari ; il souffrait beaucoup, elle n'osa lui annoncer la visite qu'il allait recevoir. Bientôt après, la porte de la chambre s'ouvrit doucement, et l'évêque entra. Il s'approcha avec bonté du lit de douleur et s'informa avec bienveillance des souffrances du malade ; il s'efforça de réchauffer le cœur du pécheur au foyer toujours brûlant de l'amour divin et de le préparer au voyage de l'éternité. Mais le malade qui, à la première vue de l'évêque, était devenu rouge de colère, se montra tellement insensible à ce langage si doux et si éloquent, que le bon pasteur se retira le cœur profondément affligé. Il avait déjà franchi le seuil de la chambre, lorsqu'il se retourna une dernière fois. Son doux regard rencontra celui de la femme attristée, et il lui dit à voix basse : « Ne désespérez pas, vous savez qu'à Dieu rien n'est impossible ; ne doutons pas de la conversion de votre mari. Si un heureux moment venait où il désirât ma présence, ne tardez pas à m'appeler, serait-ce même au milieu de la nuit. Votre mari est plus mal que vous ne pensez, et chaque minute est précieuse pour le salut de son âme. » La nuit suivante, à onze heures, la pauvre femme arrivait toute haletante au palais de l'évêque. Elle tira vivement, et à coups redoublés, le cordon de la sonnette, jusqu'à ce qu'enfin elle entendit le bruit des clefs et qu'elle aperçut le domestique, qui lui demanda avec impatience ce qu'elle pouvait vouloir à une heure semblable. « Mon mari mourant demande Monseigneur.

Il réclame la grâce qu'il daigne venir au plus tôt. — Y pensez-vous ? répondit le domestique ; comment pourrais-je troubler le sommeil de mon maître, dont la vie est si remplie et les fatigues si grandes ? Votre mari, je pense, peut bien attendre à demain matin ; je ferai votre commission dès le réveil de Monseigneur. — Ce sera trop tard, soupira la pauvre femme. Pour l'amour de Jésus, ayez pitié de mon pauvre mari et annoncez-moi de suite. Sa Grandeur m'a dit elle-même de venir la chercher à toute heure, même au milieu de la nuit. — S'il en est ainsi, répondit avec empressement le vieux et fidèle serviteur, je vais communiquer votre demande au chapelain de Sa Grandeur. » Et il courut chez le chapelain, qui lui ordonna de réveiller immédiatement son maître ; mais l'évêque n'était pas dans sa chambre a coucher. Le domestique, qui avait vieilli à son service, l'alla chercher à la chapelle, où il savait qu'il passait en prières une partie des nuits. Il le trouva, en effet, plongé dans de pieuses méditations devant l'image de Jésus crucifié. Dès que le bon évoque connut l'appel du malade, il s'écria avec une sainte joie : « Combien je vous remercie, mon Dieu, d'avoir exaucé ma prière ! » Et immédiatement il se mit en route, traversa à pas pressés les rues étroites et sombres, monta rapidement l'escalier et vint s'asseoir au chevet du mourant, qui le reçut avec des larmes brûlantes de repentir, et avec une profonde émotion lui parla ainsi : « La nuit était venue, et j'avais déjà passé plusieurs heures sans sommeil sur mon lit de douleur, lorsque tout à coup mon cœur a éprouvé une inquiétude que je n'avais ressentie de ma vie.

J'avais compris quel affreux danger planait sur mon âme ; j'ai reconnu mes graves offenses envers Dieu, et, en voyant combien il a toujours été miséricordieux pour moi, j'ai été épouvanté du sort qui m'attendait si je paraissais en cet état devant le souverain Juge qui voit et qui sait tout. J'ai songé alors à ma mère, qui en mourant m'a recommandé à la protection de la bienheureuse Vierge Marie. Je me suis adressé à cette Mère céleste, implorant sa protection auprès de son cher Fils, et bientôt j'ai senti la consolation entrer dans mon cœur. Ma femme m'a rappelé aussitôt votre promesse de m'assister dans ce danger de mon âme et dans le péril de la mort... » Le malade ne put continuer ; il retomba épuisé sur son lit, en proie à un profond évanouissement. Dès qu'il eut repris l'usage de ses sens, il déposa dans le cœur de l'évoque une humble confession générale, et attendit avec impatience ce moment heureux dont il avait été si longtemps privé, où lui fut présenté le Pain céleste qui remplit son âme d'une paix inexprimable. Il murmura d'une voix déjà presque éteinte : « Ô Dieu ! qui as fait pour moi de si grandes choses, sois aussi miséricordieux pour ma pauvre âme que tu le fus sur la croix pour le bon larron repentant. » Le lendemain, sa lutte avec la mort et la douleur avait cessé : il était passé à une vie meilleure. Le jour de la conversion de cet homme dut être le plus beau jour de la vie d'un évoque ; car il ne saurait y avoir ici-bas de plus grande joie que la pensée d'avoir ramené un pécheur à Dieu. Et ainsi, en cette circonstance décisive pour le bonheur éternel d'une âme, ce bonheur fut double ; c'est là le propre de toutes les œuvres de miséricorde : elles sont la joie de ceux qui les accomplissent et de ceux qui en sont l'objet.

L'AMOUR MATERNEL

Dans une des principales villes du midi de la France, un vénérable ecclésiastique, vicaire de paroisse, fut soudainement appelé vers le milieu de la nuit, près d'une malade qui, lui dit-on, se mourait, privée tout à la fois des ressources matérielles capables d'adoucir les souffrances de son corps, et des sentiments religieux propres à soutenir l'énergie de son âme, profondément aigrie par la misère. Le digne prêtre ne se fit point attendre. Sautant hors de sa couche et s'habillant à la hâte, il est bientôt dans la rue, se dirigeant avec son guide vers la demeure de la pauvre mourante, à travers des tourbillons de neige dont une bise glaciale fouettait son visage. Il arrive, gravit six étages et pénètre au fond du plus méchant réduit que l'on puisse voir. Là, sur un grabat fétide, une malheureuse femme se débattait avec angoisse, voulant et ne voulant pas mourir ; car à ses côtés dormait, ensevelie sous d'informes haillons, une petite fille qui la rattachait encore à la vie quand le malheur la pressait au contraire de quitter un monde devenu inhabitable pour elle. Un tel spectacle émut l'envoyé de Dieu jusqu'aux larmes, et le frisson d'une pitié sincère parcourut tous ses membres. Que faire devant une pareille infortune ?

Comment ramener la paix et la joie dans une âme ainsi torturée, toujours en présence d'une misère de plus en plus poignante, de plus en plus irrémédiable ? Tout autre qu'un prêtre assurément eût reculé devant une mission si difficile. L'abbé ne se découragea point ; il prit conseil de sa foi, il prit conseil de son cœur, et le plus doux triomphe couronna bientôt ses intelligents efforts. Aux premiers mots sortis de sa bouche, la malade avait brusquement détourné la tête, à ses exhortations toujours plus tendres et plus pressantes, elle opposait une indifférence profonde, un de ces sourires amers qui déconcertent les plus robustes espérances et attestent une incrédulité systématique ou une ignorance absolue des vérités chrétiennes.

Il fallait donc tenter un dernier assaut décisif ; c'est alors qu'une inspiration soudaine vint illuminer l'esprit du bon pasteur à la recherche de sa brebis égarée. « Elle résiste à mes paroles, se dit-il en lui-même, elle ne résistera pas sans doute aux saintes obligations de la maternité ; l'amour maternel mène à Dieu, qui aime si tendrement sa Mère. » Et, saisissant l'enfant endormi dans un coin de la mansarde, il le présenta à la mourante en lui disant : « Sauvez votre âme, vous sauverez celle de votre fille ; si vous devez la laisser orpheline ici-bas, au moins gagnez le ciel pour la protéger et lui garder une place parmi les anges. » À la vue de cette innocente et douce créature qui lui tendait ses petits bras et sollicitait ses caresses, la pauvre femme jeta un cri perçant, serra convulsivement son enfant sur sa poitrine haletante, et, au bout de quelques instants, ses yeux desséchés s'emplirent de larmes ; bienheureuses larmes qui emportèrent avec elles toutes les barrières que l'esprit de révolte avait placées entre son cœur et celui du souverain Juge, dont la main ne nous frappe ici-bas que pour nous guérir. L'attendrissement qui ouvrait son âme aux plus nobles sollicitudes d'une mère, l'ouvrit en même temps à tous les sentiments chrétiens qui donnent la résignation dans les souffrances et le courage dans l'adversité. « Mon Dieu, s'écria-t-elle pleinement soumise et consolée, mon Dieu, que votre volonté s'accomplisse ! Je vous fais volontiers le sacrifice de ma vie ; que tous les maux que j'ai soufferts soient autant d'infortunes épargnées à l'enfant qui doit me survivre. Et vous, monsieur l'abbé, ajouta-t-elle, daignez, je vous en conjure, prendre soin de l'orpheline ; je vous la confie : si vous acceptez ce dépôt, je mourrai contente et rassurée. » L'abbé promit tout, et la malade se confessa avec de grands sentiments de contrition. L'amour maternel l'avait ramenée à l'amour de Dieu.

Un pécheur moribond assisté par un

prêtre mourant

Il y a une dizaine d'années, l'église de Saint-Paul-Saint-Louis, de Paris, avait parmi ses desservants un prêtre qui se faisait remarquer par sa haute taille et son visage grave et basané. À ses allures un peu militaires on devinait sans peine que ce prêtre avait dû porter l'épée, et l'on écoutait sans surprise l'histoire de ce brave officier de cavalerie, qui vaillamment s'était battu sous le commandement de don Carlos, l'avait suivi, et enfin était entré dans le sacerdoce. Ce prêtre était l'abbé Capella. Après être resté quelques années à Saint-Paul-Saint-Louis où il s'était particulièrement attiré l'estime de tous, M. Capella fut appelé à une petite cure des environs de Paris. Là, il fut vénéré par ses bons et simples paroissiens, presque tous jardiniers ; son caractère aimable et sa franchise militaire avaient vaincu tous les préjugés, toutes les antipathies mêmes ; le bien que fit là son court passage, est incalculable. C'était la veille de sa mort ; les derniers sacrements venaient de lui être administrés, et il se recueillait dans son action de grâces, offrant au Seigneur ses dernières souffrances et son agonie qui allait commencer. À ce moment une personne entra inopinément et s'approchant de lui : —

Monsieur le Curé, lui dit-elle, un tel, que vous connaissez bien, est très malade ; il va mourir ; nous sommes bien en peine, car il ne veut recevoir aucun prêtre. Ainsi, quand M. le curé est venu, il lui a tourné le dos et ne veut pas l'entendre. — Quel malheur ! un si brave homme, fit M. Capella avec chagrin. Ah ! si moi-même je n'eusse pas été mourant, peut-être ne m'aurait-il pas si mal reçu !

— Ah ! vous, Monsieur le Curé, il vous aime et vous vénère trop pour cela ! Mais hélas !... Et elle se retira sans achever. Une pensée sublime vint au saint prêtre ; se soulevant sur sa couche et joignant les mains : Mon Dieu, donnez-moi un peu de force ! s'écria-t-il. Faisant alors un effort suprême, il endossa une dernière fois ses vêtements ecclésiastiques, puis il dit, d'un ton résolu, aux amis qui l'entouraient : — Soulevez-moi et portez-moi chez le malade. Frappés de stupeur, pas un ne bougea. Ils écoutaient cette voix expirante qui avait retrouvé le ton du commandement pour faire une chose impossible, et ils crurent le curé dans le dernier délire. Prenez-moi, répéta-t-il avec une suprême autorité. Une exclamation assourdie sortit de toutes les bouches. Mais le mourant, dont l'heure de vie s'était réfugiée dans son inébranlable volonté, présenta ses bras tremblants, ses jambes inertes déjà ; on lui obéit donc et soutenant avec précaution ce corps qui voulait reprendre la vie pour aller sauver une âme, on le déposa sur une litière. « Ah ! mon Dieu ! il va mourir en route ! » s'écria l'un des porteurs avec désespoir. Lui, sans s'inquiéter de ce qui se passait ou se disait autour de sa couche, absorbé dans son héroïque idée fixe, donnait des ordres pour qu'on lui apportât ce qui était nécessaire à l'administration des sacrements. Quand tout fut prêt : « En route, et hâtons-nous, » commanda-t-il. On se mit en marche vers la maison du malade.

Le prêtre ne faisait entendre ni un cri, ni une plainte, ni même un soupir dans ce chemin douloureux dont tout choc était une angoisse, mais il priait avec ferveur. Le voilà près du lit de cet autre mourant. « Mon ami, lui dit-il d'une voix entrecoupée, nous allons tous les deux paraître devant le bon Dieu. Voulez-vous que nous fassions le voyage ensemble ?... Moi, je viens vous aider... et vous apporter les secours de cette dernière heure... » Un intraduisible cri échappa au malade, et sans pouvoir articuler un mot, il saisit la main de son pasteur et la porta à ses lèvres avec un mouvement d'adoration. « Mon ami, continua celui-ci, le temps est court... ; confiez-vous à moi ; vous ne me refuserez pas de vous confesser, n'est-ce pas ? » Le malade, subjugué par cet héroïsme de la foi, fondit en larmes. « Oh ! oui, je veux me confesser à vous ! » s'écria-t-il. Un sourire du ciel passa sur les lèvres blanches du pasteur. Il fit un signe, et le vide s'établit autour des deux mourants. Bientôt après, le ministre de Dieu fit un dernier effort pour élever sa main au-dessus de la tête du pardonné, et les paroles de l'absolution tombèrent comme une rosée sur cette âme ressuscitée. Le prêtre appela ; « L'Extrême-Onction ! » demanda-t-il. On lui apporta ce qui était nécessaire pour la réception du Sacrement. « Prenez mon bras, et conduisez ma main, » dit-il à son aide. Et l'on conduisit cette main mourante, se traînant refroidie déjà, comme une suprême bénédiction, sur les membres du malade qui semblait se ranimer sous ce froid attouchement et sous les onctions de l'huile sainte. Quand tout fut achevé, le prêtre pencha sa tête alourdie vers celui qu'il venait d'administrer, et dans un soupir de soulagement, il dit tout bas : « Au revoir, mon ami !...

Maintenant, remportez-moi, ajouta-t-il d'une voix éteinte. Nunc dimittis servum tuum, Domine, secundum verbum tuum, in pare ! » Puis sa tête tomba pesante sur sa poitrine ; ses bras fatigués se laissèrent pendre ; ses yeux se fermèrent : et, pendant cette lugubre route du retour, on aurait cru qu'il n'existait plus, si l'on n'avait vu ses lèvres remuer sous un souffle de prière. Peu après, on le déposa immobile sur son lit. Quelques heures plus tard, il était mort.

DEUX FOIS SAUVÉ !

Il y a dans notre collège, rapporte un éminent écrivain, retraçant ses souvenirs de jeunesse, un pauvre abandonné qu'on appelle Isaac. Comme son nom l'indique, il est juif. De plus, il est orphelin et sans fortune. La réprobation terrible qui pèse sur sa race, éloigne de lui jusqu'aux moins chrétiens de nos camarades. On le voit toujours dans le coin le plus désert de notre cour, où le poursuivent encore les injures et les railleries d'un âge sans pitié. Cependant il est doux et semble résigné par avance à toutes les amertumes de la vie, dont celles du collège ne sont qu'un avant-goût. Quelquefois la nature l'emporte et le malheureux enfant éclate en sanglots ; il se cache le visage entre les mains et pleure des heures entières. Depuis longtemps je pense à l'aborder. Je voudrais consoler un peu cette précoce affliction, tenir compagnie à cette solitude prématurée ; mais je n'ose. Isaac n'est pas sans quelque sauvagerie ; ses malheurs et son abandon lui ont inspiré la défiance. Quelques méchants cœurs, comme il en est même au collège, ont encore contribué à augmenter cette défiance, en venant solliciter l'amitié de l'orphelin et en trahissant ensuite, avec tous les secrets confiés, un cœur si désireux d'abord de se communiquer, mais que l'infortune avait rendu susceptible à l'excès et incapable de se livrer deux fois. L'autre jour, une de ces tristes scènes qui se renouvellent trop souvent, est venue ajouter de nouvelles douleurs à celles de celui que j'aime en secret. Je sortais du parloir au milieu de la plus longue de nos récréations ; tout à coup j'entends de grands cris. Je me hâte, j'arrive devant tous nos camarades rassemblés. Ils étaient en grande agitation.

« Qu'y a-t-il ? — C'est Isaac qui nous a dénoncés, » me répond le plus colère. Et il entame une longue histoire à laquelle chacun veut ajouter son trait. C'était encore une accusation banale et sans fondement. Les preuves abondaient, la haine suggérait les plus détestables hypothèses à ces petites têtes méchantes et enflammées ; on accueillait tout, pourvu que tout fût contraire à l'accusé. Tristes juges comme on en voit tant dans un monde qui n'a plus la jeunesse pour excuse ! Isaac n'était pas là, mais bientôt nous le vîmes paraître, accompagné du supérieur qui s'éloigna quelques secondes après, laissant le pauvre enfant en proie à la cruauté de ses ennemis. Oh ! ce mot de cruauté n'est pas trop fort. On l'injuria, et les injures bientôt furent suivies de pierres. Un fils de boucher, qui sans doute avait vu avec quelque profit son père assommer des bœufs à l'abattoir, s'élança enfin sur lui et de ses gros poings lui mit la figure en sang. J'étais pâle d'indignation. Mon cœur battait vivement. La colère finit par l'emporter, la sainte colère, et je m'élançai devant Isaac : « Vous êtes des lâches, m'écriai-je en lui prenant les mains, et malheur au premier d'entre vous qui touchera à mon ami ! » J'appuyai à dessein sur ce dernier mot, je regardai les agresseurs d'un regard décidé, les poings fermés, le pied en avant : je leur semblai redoutable, malgré ma petite taille ; ils se turent, ils s'éloignèrent en jetant au vent leurs dernières insultes, et l'un d'eux déclara qu'il fallait mettre les deux juifs à la quarantaine. Ce mot de juif me fit beaucoup rougir, malgré moi. Cependant je me remis de cette soudaine émotion et me penchai vers Isaac.

Il s'appuyait sur moi et semblait me sourire, mais je le vis tout à coup chanceler, puis tomber sans connaissance. Tant de douleurs l'avaient brisé. Alors j'appelai à mon secours, et comme personne ne venait à mes cris, je rassemblai toutes mes forces, je le pris dans mes bras et parvins à le transporter jusqu'à l'infirmerie. Il y fut près d'une heure évanoui. Cependant l'affaire s'était ébruitée. Le supérieur arriva et me tendant la main : « Vous êtes un digne enfant, me dit-il ; je sais tout et je veux désormais que vous me regardiez comme un ami, comme un père. » Il ajouta en me montrant la croix : « Mais voici l'Ami céleste, voici le Père qui vous récompensera mieux que moi de votre belle action ! » Il se retira, en me permettant de rester auprès de mon nouvel ami jusqu'à sa complète guérison. Hélas ! il ne savait pas que la maladie du pauvre enfant dût être si longue. Le médecin vit bien tout d'abord que le cas était grave et fit craindre une fièvre cérébrale. En effet, les symptômes en éclatèrent dès le soir. Quinze jours après, le pauvre Isaac était encore à l'infirmerie, mais il était sauvé. J'avais obtenu la permission de le veiller une partie des nuits, et la sœur de charité avait peine à m'arracher de ce chevet auquel il semblait que ma propre vie fût attachée. Ces nuits furent pour mon âme une source délicieuse de jouissances morales. J'y pris une habitude presque monastique, celle de lire en latin l'office même de l'Église, et je n'ai pu depuis détacher mes lèvres de cette coupe trop méprisée de la liturgie catholique. Oui, je me rappelle ces soirées d'été, alors que quelques rayons, les derniers du jour, venaient enflammer les vitres de l'infirmerie, et qu'à genoux au pied du lit de mon ami en délire, je suivais sur ce visage en feu les progrès du mal ou cherchais à y démêler les espérances de la guérison.

Une idée m'avait saisi dès le premier jour, idée si naturelle aux imaginations catholiques, qu'il semble qu'elle soit la première à y naître et la dernière à s'en retirer, l'idée de convertir mon nouvel ami et de guérir en même temps son corps et son âme également malades. Cette idée me poursuivait. Je ne pouvais m'empêcher de penser que Dieu n'avait pas permis, sans quelque dessein secret, qu'un innocent fût accablé de tant de malheurs, abreuvé de tant d'injustices. Un jour donc qu'Isaac s'était endormi, je m'armai d'une sainte audace et passai à son cou une petite médaille de la sainte Vierge. Déjà on avait placé sous ses yeux, en face de son lit, un crucifix où il devait lire tout le résumé de notre foi éloquente. La pauvre sœur redoublait de soins. Elle avait compris mon idée de conversion, ou plutôt l'avait eue avant moi, mais elle eût craint de s'en attribuer le moindre honneur. Isaac fut enfin rendu à sa connaissance. C'était un dimanche : les élèves étaient à la messe et l'on entendait très distinctement dans l'infirmerie les chants de nos camarades et les harmonies de l'orgue. La petite sœur et moi suivions notre messe aussi exactement que possible et priions de grand cœur tous les deux pour notre cher malade. J'avais coutume de réserver pour l'instant de l'élévation mes plus vives prières, et je crois bien que la sœur faisait de même. Ce jour-là nous fûmes encore plus recueillis. Mais un petit bruit nous vint arracher à ce recueillement ; notre malade s'était soulevé, il s'était assis sur son lit et semblait écouter avec ravissement un bel O Salutaris, que nos enfants de chœur n'avaient jamais si bien chanté.

Il souriait pour la première fois peut-être de sa vie, et ce sourire faisait du bien à voir, quoique brillant sur un visage éteint et décharné. Nous n'osions nous lever, mais il nous aperçut, porta les mains à son front comme pour recueillir ses idées, réfléchit quelques instants, puis tout à coup s'écria : « Mon frère, mon cher frère ! » Et je tombai dans ses bras. Nous pleurions tous, et la sœur souriait à travers ses larmes. Mais Isaac s'arrêta tout à coup, et se mit à fixer le crucifix que nous avions mis sous ses yeux. Il le regarda d'abord froidement, puis ses yeux s'animèrent, l'amour pénétra dans son regard ; il contempla alors l'Homme-Dieu avec des yeux qui exprimèrent toutes les nuances de la commisération, de la prière, de l'adoration ; ses bras s'agitèrent bientôt et il les tendit vers Notre-Seigneur ; enfin, il ne put résister à la grâce, et un torrent de larmes sortit de ses yeux : « Mon Roi, mon Maître, mon Dieu ! » Et se tournant vers moi : « Tu ne sais pas que Jésus et Marie ont veillé près de moi pendant toute ma maladie ? Ils étaient là, je les voyais, je touchais leurs mains, j'entendais leurs voix. Oh ! je veux être baptisé ! » Je l'embrassai en pleurant et lui racontai combien j'avais désiré ce moment. Ce jour-là même, nous eûmes ensemble un entretien sur la foi. La sœur savait mieux faire le catéchisme que moi ; l'aumônier vient l'aider. La convalescence d'Isaac s'écoula dans ces leçons qu'il semblait avoir déjà reçues de Dieu lui-même, tant il s'élevait facilement aux plus difficiles de nos mystères. Il avait même sur nos dogmes des lumières qui étonnaient l'aumônier et dont je profitai. Cependant le bruit de sa guérison s'était répandu dans le collège.

On avait bien changé d'idées sur le compte des « deux juifs, » et comme, après tout, des cœurs d'enfants ne sont jamais profondément pervertis, tous nos camarades s'étaient sincèrement repentis d'une méchanceté qui avait failli devenir si fatale. Tous les matins, il en venait à l'infirmerie quelques-uns s'informer avec anxiété de la santé d'Isaac. Les récréations étaient silencieuses, les visages tristes ; quand on annonça qu'il n'y avait plus aucun danger pour le malade, ce fut un jour de fête pour tout le monde. On apprit en même temps la miraculeuse conversion de notre ami et son baptême, qui eut lieu, d'après sa volonté, le premier jour qu'il put faire quelques pas. Au sortir de l'église, il alla revoir ses condisciples qui étaient devenus ses frères en Jésus-Christ. Ce fut un spectacle touchant : tous ces persécuteurs tombèrent aux pieds de leur victime et sollicitèrent la bénédiction de celui qui tout à l'heure encore était un catéchumène et n'avait pas seize ans. Isaac, ou plutôt Paul (car je lui ai, comme parrain, donné ce nouveau nom), Paul les bénit avec ses larmes et voulut tous les embrasser. On sut qu'il était pleinement chrétien, quand on le vit presser avec plus d'amour dans ses bras celui-là même qui l'avait autrefois le plus cruellement persécuté. (Léon Gautier.)

DIEU A SES ÉLUS PARTOUT

Une actrice a adressé au P. de Ravignan le récit suivant de sa conversion, une des plus admirables de notre siècle. « Lorsque j'étais tout enfant, ma mère se trouvait seule à Paris, sans argent, sans état, sans protection. Elle n'avait pas cette religion qui fait supporter toutes les adversités que Dieu nous envoie, mais seulement une foi très vive en Marie. Dès ma plus tendre enfance, elle me fit dire cette petite prière que je n'ai lue dans aucun livre : « Mon Dieu, je vous donne mon corps, mon esprit, mon cœur, ma vie ; je me donne toute à vous. Faites-moi la grâce de mourir plutôt que de vous offenser mortellement. Ainsi soit-il. » « Vers l'âge de cinq ans à peu près, j'allais très souvent avec une vieille femme à la messe, et surtout adorer Jésus dans un sépulcre. Je rentrais à la maison, malade d'avoir vu Notre Seigneur mort pour nous ; je pleurais. Ma mère grondait la vieille femme d'exciter à ce point ma sensibilité, et même elle ne voulut plus absolument que je retournasse à l'église. J'étais très fière de m'appeler Marie. On me donnait le nom de Joséphine à la maison ; mais quand on me demandait comment je m'appelais : « Marie, répondais-je aussitôt ; j'ai le nom de la Vierge. » « Ma mère me mit au théâtre à l'âge de six ans pour apprendre à danser. On la pria de me laisser jouer, elle se laissa tenter. Je jouai, j'eus un très grand succès. Cependant j'entendais les petites filles parler de la première communion, ma mère ne m'en parlait pas ; je voulais absolument la faire, mais aucun prêtre ne put m'y admettre parce que j'étais au théâtre. « Je priais toujours, je travaillais sans cesse ; en dehors du théâtre, je faisais de petits ouvrages à l'aiguille que je vendais.

J'étais entourée de vices dans les femmes même que j'aimais le plus ; je les plaignais. Ma mère m'avait donné des principes que la misère la plus affreuse n'avait pu détruire. J'étais mal vêtue, je mangeais des pommes de terre, mais j'étais heureuse avec ma mère. Je me disais : « Dieu me voit, lui ; il me trouve bien avec mon vilain chapeau ; il ne se moque pas de la pauvre Maria. » Car on se moquait de moi ; on me disait : « Si vous vouliez, vous auriez des cachemires. — Oui, disais-je, mais je ferais mourir ma mère de chagrin. » J'étais une des premières du théâtre, par conséquent très admirée. Si je vous dis cela, c'est pour que vous compreniez bien la haute protection de ma céleste patronne au milieu de ce gouffre. « Ma mère tomba malade. J'étais obligée de passer toutes les nuits, je n'avais pas de domestique ; je jouais, je répétais dans la journée ; je n'avais le temps d'apprendre mes rôles que la nuit, près du lit de ma pauvre mère. C'est ici que Dieu a été bon et indulgent pour moi. J'avais fort peu d'appointements, quoique première. Eh bien ! mon Père, malgré cela, pendant quatre mois et demi, ma mère étant au lit, dépensant beaucoup d'argent que je n'avais pas, je n'ai pas fait de dettes, et je m'en suis tirée. Je devais tomber malade de fatigue et de chagrin, pas du tout : c'est que je priais

Dieu, et Dieu aide ceux qui prient de tout leur cœur. « La dernière nuit que je passai près de ma mère, je ne comprenais pas que ce fût l'agonie. Enfin sa dernière parole fut : « Maria, je t'aime ! » et elle rendit le dernier soupir. Oh ! mon Père, quelle nuit ! Je n'avais pas quitté ma mère un seul instant de ma vie, et je me trouvais à vingt ans, seule, sans parents, sans soutien, sans fortune, sans Dieu, car je ne le possédais pas encore.

Je jurai à ma mère, sur ce corps inanimé, sur cette main qui m'avait bénie, que toujours je serais digne d'elle. J'allais tous les jours au cimetière Montmartre, et, en rentrant, je me mettais à genoux au milieu de ma chambre ; j'avais le portrait de ma mère là devant moi ; j'avais un Christ qui avait été posé sur son corps ; je baisais ce Christ, je baisais le portrait, et ma vie se passait entre ces deux images. « Enfin j'allai vous entendre, mon Père ; vous éclaircissiez des idées confuses dans ma tête. Je suis bien ignorante encore en matière de religion ; j'aime avec amour Jésus et Marie. Pourquoi ? comment ? je n'en sais rien ; je les aime et voilà tout. « Là seulement je compris ma position. « Sainte Vierge, dis-je alors, le théâtre sans vous, ou vous sans le théâtre. Ah ! mon choix est fait. Mais pour arriver à vous, ô Marie, comment faire ? » Le dimanche de la Quasimodo, je vous vis de plus près ; je m'étais mise au pied de la chaire. « Je vais écrire à M. de Ravignan, dis-je ; il est impossible qu'il n'obtienne pas cette grâce de Mgr l'archevêque : il faut que je communie. » Je vous écrivis, mon Père, vous savez le reste ; mais ce que vous ne savez pas, c'est que mon esprit n'est plus le même, mon cœur non plus : les pieuses femmes que vous m'avez fait connaître ont changé tout mon être. « Oh ! merci, mon Dieu ! merci, mon Révérend Père ! Votre zèle a tout fait. J'ai communié, c'est vous dire que je suis la plus heureuse des femmes, et j'étais entourée de Mmes de Gontaut, Levavasseur et d'Auberville. Ah ! autrefois je croyais aimer Dieu, mais non ; c'est lui qui m'aimait. J'aimais Marie, mais ce n'était pas de ce saint amour qu'elle a pour nous.

Je ne sais pas ce que Dieu me réserve ; mais s'il veut me rendre heureuse, il peut m'envoyer tous les malheurs qu'il voudra : je tâcherai de les porter avec mon cœur qui est tout à lui. Si Dieu me conserve cette foi qu'il m'a envoyée, je peux tout faire pour lui. Aujourd'hui seulement je comprends les martyrs. « Je vous demande pardon, mon Père, de la longueur de mon récit ; mais je ne suis pas très versée dans l'art d'écrire. C'est pour vous obéir que je vous donne ces détails. En parlant de ma mère, je ne m'arrêterais point. « Mon premier acte, en sortant du théâtre, a été une première communion. Dieu veuille qu'en sortant de cette vie je sois agenouillée à la sainte table ! À Dieu, à Jésus, à Marie, à ces dames, à vous, mon Père, ma vie entière. Maria. » La jeune actrice eut le courage de rompre complètement avec le théâtre. Après six années d'épreuves et de privations, devenue mère de famille, elle écrivait au P. de Ravignan pour le remercier, et elle ajoutait : « Oh ! mon Père, que de misères ! que de maladies ! Mais Dieu était au fond de mon cœur. Que de joies ignorées ! et c'est à vous que je les dois. « Ah ! comme je plains ceux qui ne pensent jamais à Dieu ! Dans l'amour qu'il nous donne nous trouvons tout pour nos besoins d'ici-bas. Cette vie de l'âme a des charmes qu'on ignore si complètement dans le monde ! « Priez, mon Révérend Père, pour que mon âme reste toujours attachée à ce Dieu de miséricorde qui a daigné me prendre si bas ! Ah ! que ma vie passée m'a éclairée sur l'amour de Dieu pour ses créatures ! Aussi, je ne veux que ce mot dans mon cœur : Amour pour Jésus dans la joie et la tristesse, amour pour Jésus ! » Cette âme séraphique se consuma rapidement dans un douloureux martyre : l'ancienne actrice mourut en prédestinée.

LA ROSE BÉNITE

Un dimanche vers les trois heures, rapporte un homme du monde, je passais rue de Vaugirard, à Paris. Une pluie torrentielle inondait les rues et faisait chercher un abri aux malheureux piétons. Je regardais machinalement à droite et à gauche, lorsque la petite église des Carmes m'apparut comme lieu de refuge. Arrivé dans la cour, je vois son intérieur tout resplendissant de fleurs et de lumières ; une foule immense la remplissait, et c'est à peine si je pus parvenir à me placer sous son portique. Quelle fête célébrait-on ? voilà ce que je demandai à une bonne femme qui, à genoux près de moi, égrenait son chapelet. Elle releva la tête d'un air étonné : « Comment ! monsieur, vous ne savez pas ? c'est la fête du Saint-Rosaire, et, pour en conserver le souvenir, les révérends pères vont distribuer à tous ceux qui sont dans l'église une rose bénite. » J'ai une passion pour les fleurs et une prédilection toute particulière pour les roses ; je voulais profiter de celles que la Providence semait (avec intention peut-être) sur ma route : elles sont si rares, hélas ! Je suis le courant qu'un mouvement de chaises opère, et je me trouve transporté je ne sais comment près de la balustrade de l'autel. Le R. P. qui venait de donner la bénédiction, en montait les degrés. Il fit signe qu'il allait parler ; je me sentis attiré vers lui par un sentiment que je ne pus définir : son pâle et noble visage inspirait le respect, une joie toute céleste l'animait, et l'immense quantité de bougies qui brûlaient autour du tabernacle lui faisaient comme une auréole lumineuse. Son regard doux et pénétrant se portait avec bonheur sur les nombreux fidèles qui l'entouraient et l'écoutaient. Il fit une allocution simple et touchante, sans phrases préparées ni oratoires ; on sentait que c'était le cœur qui débordait avec tous ses trésors, la source qui coulait limpide et transparente pour chacun.

« Je vais vous distribuer de petites roses bien modestes, dit-il, parce que nous sommes pauvres. Vous les trouverez parfumées comme l'était Marie, la reine du ciel, et leur parfum vous pénétrant, vous désirerez lui ressembler. Vous les trouverez bénites, afin qu'elles apportent dans vos maisons la bénédiction de Marie. Mères, ornez-en le berceau de votre petit enfant pour le protéger. Femmes, montrez-la à votre mari ; dites-lui qu'elle sera son prédicateur, son égide, lorsqu'il devra vous quitter. Jeunes filles, suspendez-la au Christ placé à votre chevet, afin que votre premier regard, la première élévation de votre cœur soient pour Jésus et Marie confondus dans un même amour. » Ce serait trop long de raconter les belles et bonnes choses que dit encore le révérend Père. La distribution commença ; lorsque je m'approchai pour recevoir ma rose, un léger sourire se dessina sur les lèvres du religieux : il semblait lire au fond de ma pensée ce mot hasard qui m'avait amené là. Je m'inclinai et sortis de l'église beaucoup plus grave que je n'y étais entré. Une fois dehors, je me trouvai très embarrassé : je dînais en ville et j'avais disposé de ma soirée ; mais la pensée de porter dans une maison profane ma petite rose bénite me fit rougir intérieurement. Je rentrai chez moi, je la suspendis au portrait de ma mère. Pauvre mère ! il me sembla qu'elle me regardait plus tendrement. Peut-être étaient-ce ses prières qui, du haut du ciel, avaient guidé mes pas. Toujours est-il que j'étais resté chez moi par une force d'attraction plus puissante que ma volonté. Je passai mon temps à méditer sur les petites choses qui amènent souvent de grands effets. Je ne puis pas dire tout ce que je confiai de pensées tumultueuses à ma rose mystique : c'était presque une confession, et la petite goutte de rosée bénie qui reposait au fond de son calice était le baume consolateur que j'appliquais sur les blessures orageuses de mon cœur.

« Qui sait, murmurai-je en m'endormant, si je ne retournerai pas dans cette église, et si, te tenant a la main, je n'irai pas trouver ce bon religieux ? Elle m'amène à vous repentant et converti ! » lui dirai-je.

UN SOUVENIR DU BAGNE

Un religieux plein de zèle, qui venait de remplir son saint ministère auprès des forçats de Rochefort, le P. Lavigne, ne pouvait se lasser d'admirer les merveilles de la grâce sur ces pauvres âmes si chères au Bon Pasteur. Prêchant dans la chapelle d'une Maison religieuse, à Paris, il racontait un fait admirable qui atteste l'étonnante bonté de Dieu en faveur d'un pécheur pénétré d'un sincère repentir. « Il y a un homme, dit-il, dont le souvenir s'est empreint dans mon âme d'une manière ineffaçable, un homme que je place au-dessus de tous les religieux et de toutes les religieuses : c'est un saint que je vénère, et cet homme, ce saint, c'est un forçat. « Un soir, il vint me trouver au confessionnal, et, après sa confession, je lui adressai quelques questions, comme j'avais assez souvent coutume de le faire avec ces infortunés. Cependant, cette fois, un motif plus particulier m'engageait à interroger celui-ci. J'avais été frappé du calme répandu sur ses traits. Je n'y fis pas d'abord grande attention, car j'avais eu l'occasion de remarquer la même chose chez plusieurs de ces malheureux. Néanmoins, la précision avec laquelle il s'exprimait, l'exactitude rigoureuse et le laconisme de ses réponses piquaient de plus en plus ma curiosité. « Il me répondait sans affectation, ne disant pas un mot inutile, et n'allant jamais au-delà de ce que je lui demandais. Aussi ce ne fut qu'en le poussant et en le pressant par mes questions, que je parvins à savoir, en quelques mots bien simples, sa touchante histoire. — Quel âge avez-vous ? lui dis-je d'abord. — Quarante-cinq ans, mon père. — Combien y a-t-il que vous êtes ici ? — Il y a dix ans. — Devez-vous y rester encore longtemps ? — À perpétuité, mon père.

— Quelle est donc la cause de votre condamnation ? — Le crime d'incendie. — Sans doute, mon pauvre ami, vous avez beaucoup regretté d'avoir commis cette faute. — J'ai beaucoup offensé Dieu, mon père, mais je n'ai point commis ce crime. Toutefois, je suis justement condamné ; mais c'est Dieu qui m'a condamné. Cette réponse piquant plus vivement encore ma curiosité, je repris : — Mais que voulez-vous donc dire, mon ami ? expliquez-vous. Alors il me répondit : — J'ai beaucoup offensé le bon Dieu, mon père ; j'ai été bien coupable, mais jamais envers la société. Après une foule d'égarements, le bon Dieu toucha mon cœur. « Je résolus de me convertir, de réparer le passé ; mais depuis ma conversion, il me restait une inquiétude, un poids énorme sur le cœur. J'avais tant offensé le bon Dieu ? pouvais-je croire qu'il eût tout oublié ? Et puis, je ne trouvais rien qui fût de nature à réparer ces iniquités malheureuses de ma jeunesse, et je sentais un besoin immense de réparation ! Sur ces entrefaites, un incendie éclata près de ma demeure. Tous les soupçons tombèrent sur moi ; on m'arrêta, et on me mit en jugement. Pendant la procédure, je fus beaucoup plus calme que je ne l'avais jamais été ; je prévoyais bien que je serais condamné, mais j'étais prêt à tout. Enfin arriva le jour où on devait prononcer ma sentence. Le jury quitta la salle pour aller délibérer sur mon sort, et dans ce moment, il me sembla entendre une voix intérieure qui me disait : Si je te condamne, je me charge aussi de faire ton bonheur et de te rendre la paix.

À cet instant, je ressentis effectivement une paix délicieuse. Les jurés revinrent bientôt, apportant leur verdict, qui me déclarait convaincu du crime d'incendie, avec circonstances atténuantes ; j'étais condamné aux travaux forcés à perpétuité. Je fus obligé de me contenir pour ne pas verser des larmes, qu'on aurait sans doute attribuées à tout autre motif qu'à celui du sentiment de bonheur que j'éprouvais. On me conduisit à mon cachot, et là, tombant sur la paille qui me servait de lit, je me mis à répandre un torrent de larmes si douces que l'homme le plus voluptueux aurait été heureux d'acheter, au prix de toutes les jouissances, le seul bonheur de les verser. Une paix ineffable remplissait enfin toute mon âme. Elle ne me quitta pas pendant la route que je parcourus pour arriver au bagne, et ne m'a jamais abandonné jusqu'ici. Depuis cette époque, je tâche de remplir tous mes devoirs, d'obéir à tout et à tous. Je ne vois dans ceux qui commandent, ni le commissaire, ni les adjudants, ni leurs subalternes, je ne vois que Dieu. Je prie partout, dans les travaux, à la prison ; je prie toujours, et le temps passe si vite que je puis à peine m'en apercevoir ; les heures s'écoulent comme des minutes, les jours comme des heures, les mois comme des jours, les années comme des mois. Personne ne me connaît ; on me croit condamné justement et cela est vrai. « Vous ne me connaîtrez pas non plus, mon père ; je ne vous dis ni mon nom ni mon numéro ; priez seulement pour moi, je vous en conjure, afin que je fasse la volonté de Dieu jusqu'à la fin. »

CE QUE LE ZÈLE PEUT INSPIRER À UN

ENFANT

Il y a quelques années, le Carême était prêché dans une grande ville de France par deux saints missionnaires. Un soir, tandis que la foule empressée se rendait à l'église, la petite Mathilde de C***, enfant de dix ans, jouait sur le balcon de sa maison ; tout à coup, poussée comme par une inspiration divine, elle abandonne la poupée qu'elle tenait à la main et, courant à son père qui lisait un journal : « Oh ! papa, que je serais heureuse !... — Que faudrait-il pour cela, mon enfant ? — Je n'ose pas... dites, me l'accorderez-vous ? — Oui, ma fille ! — Ah ! bon ! eh bien ! j'étais tout à l'heure sur le balcon et j'ai vu beaucoup de messieurs qui allaient au sermon ; il y en a même plusieurs qui y conduisaient leurs petites filles ; et vous, papa, vous ne m'y menez jamais ! Ce soir... — Tu veux que je t'y conduise, n'est-ce pas ? — Oui ! je le désire beaucoup. » Bientôt l'heureuse Mathilde entrait dans l'église avec son père. Il la plaça près d'une dame de sa connaissance, parce que, dit-il, une petite fille ne reste pas avec les messieurs ; et... faisant semblant d'aller du côté des hommes, il sortit. Mathilde, qui le suivait des yeux, s'en aperçut, mais ne dit rien ; le lendemain elle voulut, comme par un caprice d'enfant, rester parmi les messieurs avec son père. Le prêtre chargé de maintenir l'ordre, voyant cette petite fille : « Mon enfant, lui dit-il, ce n'est point là votre place. — Monsieur, répondit-elle tout bas, laissez-moi ici, je garde papa ! » M. de C*** entendit cette parole, il fut ému et resta au sermon. Le bon Dieu l'attendait, et la grâce, se servant des paroles du prédicateur, pénétra dans son âme. Il voulut aller tous les soirs au sermon ; il fit mieux, il s'approcha de la sainte Table le jour de Pâques.

UNE CONQUÊTE DU SACRÉ-CŒUR

D ans une petite ville assez populeuse, près de Liège, une personne dirigeait un café, où elle s'efforçait bien plus de conquérir des âmes à Jésus-Christ que de grossir sa fortune. On y voyait en abondance les publications les plus édifiantes, les cadres et les scapulaires du Sacré-Cœur. Cette propagande fut bénie de Dieu et devint le principe d'un grand nombre de conversions ; nous allons reproduire ici la relation de plus remarquable, en conservant au style sa naïve simplicité. « Un jour, la maîtresse de la maison voit entrer chez elle un inconnu en haillons, de haute taille, ayant une longue barbe et une figure portant l'empreinte d'une profonde misère. Cet homme inspire à la zélatrice une grande compassion, il lui semble que Notre-Seigneur lui envoyait une âme à gagner. J'ai toujours eu, dit-elle, le désir de faire du bien, mais depuis que je suis zélatrice, il me semble en avoir contracté l'obligation, de sorte que cela me donne du courage pour vaincre ma timidité. Elle fit donc bon accueil à son nouvel hôte, qui ne disait pas un mot, et le servit de son mieux, en priant le Cœur de Jésus de l'inspirer. Croyant le moment favorable, elle entama la conversation : « Ne vous étonnez pas, Monsieur, lui dit-elle, de ce que je vais vous demander ; je fais cette question a toutes les personnes qui viennent ici, et je vous vois, je crois, pour la première fois : avez-vous fait vos Pâques ? — Non, répondit-il, je ne fais pas mes Pâques, je suis libre-penseur. — Mais ce n'est pas une religion, cela. — C'est ma religion à moi, je n'en ai pas d'autre. — N'avez-vous pas été catholique autrefois ? — Oui, j'ai fait ma première communion ; depuis, j'ai tout laissé : j'ai quitté ma femme, mes enfants, j'ai été en Afrique...

Je ne veux pas des prêtres, pas plus qu'ils ne voudraient de moi. — Au contraire, Monsieur, ce serait un grand bonheur pour eux de vous ramener à Dieu ; dans l'Évangile, n'y a-t-il pas la parabole de l'enfant prodigue où le père fête le retour de son fils ? — Ne me dites rien, répond-il avec animation, je ne veux pas changer, vous ne me convertirez pas, vous dis-je ; pensez-vous mieux réussir que ma femme et mes enfants qui m'ont supplié de toutes les façons ? Non, vous ne me changerez pas, je devrais parler à des prêtres, et je déteste les prêtres ; quand ils arrivent, je m'en vais d'un autre côté pour ne pas les voir. » « Il ajouta encore beaucoup d'autres choses contre la religion. J'étais toute tremblante en l'entendant, dit la zélatrice, et je priais intérieurement le Cœur de Jésus. Quand il eut fini, j'allai chercher un scapulaire du Sacré-Cœur. — Monsieur, lui dis-je, ne voudriez-vous pas, avant de partir, accepter ceci ? j'aimerais à vous le donner ; voyez, l'image est bien belle. Lisez, ajoutai-je, ce qui est écrit dessous, ce sont de si bonnes paroles ! Il le fait, puis se lève et tenant le scapulaire des deux mains, il le baise, pleure et dit : « Cœur de Jésus, je suis un des plus grands pécheurs, oui, un grand pécheur. »

Ses larmes coulaient en abondance, l'émotion l'oblige à s'asseoir. — Un prêtre ! dit-il, je veux me confesser. Qui êtes-vous, pauvre femme, pour me convertir ainsi ? car je suis converti. — C'est le Cœur de Jésus qui a tout fait, dit la zélatrice, et elle le fait entrer dans une chambre voisine, pendant qu'elle allait avertir le vicaire. Celui-ci vint aussitôt, s'entretint avec le pauvre pécheur, puis l'engagea à se rendre à l'église pour préparer sa confession.

En y allant, cet homme priait, et dès qu'il fut arrivé, il alla se prosterner au pied d'un autel de la sainte Vierge ; il pleurait et disait à haute voix : « Vierge sainte, ayez pitié d'un grand pécheur qui vous demande sa conversion. » Il fit le chemin de la croix, et, lorsqu'il fut arrivé à la douzième station, il mit les bras en croix sans s'occuper des personnes présentes, en disant : Jésus-Christ, je vous demande pardon de mes péchés, oui, de tous mes péchés. La contrition débordait de son âme, il était inondé par la grâce. Il alla à la sacristie, et, quand il en sortit avec le prêtre, tous deux pleuraient. Il ne reçut pas ce jour-là l'absolution : on préféra lui laisser quelques jours pour se préparer. Il passa ce temps dans le recueillement, vint prendre ses repas chez la zélatrice qui lui fournit des lectures pieuses pour occuper ses loisirs, car il évitait même de travailler pour ne pas se distraire des pensées de foi qui nourrissaient son âme. Lorsqu'il rencontrait le vicaire, il lui serrait la main en lui exprimant son désir de recevoir l'absolution. Le temps d'épreuve fut abrégé, et la brebis perdue rentra dans le bercail du Bon Pasteur, qui se donna à elle dans la sainte communion. C'était la seconde de ce nouvel enfant prodigue qui n'avait plus reçu son Dieu depuis cinquante ans. « Il fut dès lors un modèle de piété, et son exemple en ramena plusieurs qui travaillaient dans un atelier irréligieux où il conduisit le prêtre qui l'avait réconcilié avec Dieu. » Ah ! si tous les bons catholiques avaient le zèle et le courage de cette généreuse chrétienne, combien de pauvres pécheurs seraient ramenés à la pratique de la religion ! Le prêtre, hélas ! n'a aucun moyen d'atteindre ces infortunés qui ne viennent plus à l'église et lui ferment leur porte.

Qui les sauvera, qui les arrachera aux flammes de l'enfer, si les pieux laïques de leur entourage ne s'intéressent pas à l'œuvre de leur conversion, la plus grande, la plus capitale de toutes les œuvres ?...

PUISSANCE DU CHAPELET

Imbu dès sa jeunesse des maximes de l'école voltairienne, Arthur Grant était impie ; mais son impiété n'avait rien du cynisme des libres-penseurs du siècle. C'était un impie de bon ton. Son éducation aristocratique, l'aménité de son caractère, la distinction de ses manières le rendaient agréable dans le commerce du monde, et le venin de son irréligion se cachait sous des dehors attrayants et des formes polies. C'était un majestueux vieillard à la figure noble, dont la barbe blanche tombait à flots d'argent sur sa poitrine. Initié, jeune encore, aux mystères absurdes de la franc-maçonnerie, après en avoir subi les ridicules épreuves, il avait été promu au grade de chevalier kadosch. C'était un aimable viveur qui se faisait chérir dans son village, dont il était le plus riche propriétaire, et en quelque sorte le seigneur. Il secourait les indigents et se faisait gloire d'être philanthrope. Les glaces de l'âge n'avaient pas encore éteint en lui les flammes des passions. La corruption du cœur avait perverti son intelligence. Cependant sa fille, Irma, gémissait en secret, sur les dérèglements et l'irréligion de son vieux père. On la voyait souvent répandre des larmes abondantes sur les marches de l'autel de Marie, à laquelle elle adressait de ferventes prières pour sa conversion. Un zélé missionnaire étant venu prêcher une retraite dans le village qu'habitaient Irma et son père, la jeune fille, sous les inspirations de la grâce, redoubla de ferveur et de supplications pour obtenir la conversion de celui qu'elle aimait de l'amour le plus tendre, et résolut de tenter un effort suprême. Elle consulta le missionnaire sur les moyens à prendre pour convertir son vieux père. — Il faut prier, mon enfant, et prier sans cesse, lui dit le saint prêtre : ne désespérez pas, Dieu est plus fort que le diable.

Voyons, quelles sont les habitudes de Monsieur votre père, quel est son genre de vie ? — Il se lève tous les jours à neuf heures, répond la jeune fille, déjeune à dix, se rend ensuite à un kiosque situé à un kilomètre au couchant du village, au pied d'une riante colline. C'est là qu'il passe le reste de la journée, se promenant dans son jardin ou s'enfermant dans son cabinet de travail. — J'en sais assez, mon enfant. Pendant trois jours, à onze heures et quart, vous réciterez un chapelet pour la conversion de votre père. Le lendemain, après s'être livré aux occupations de son ministère, le saint prêtre s'acheminait vers le kiosque. Quand il fut à quelques pas du vieillard, après l'avoir salué gracieusement, il s'arrêta comme pour lui parler. — Que signifie ceci, monsieur l'abbé ? dit Arthur étonné et presque fâché. — Monsieur, je vous demande pardon si je vous ai offensé, répond le missionnaire ; mais la vue de votre jardin m'a charmé, je voulais vous adresser mes félicitations. Ce compliment adoucit le vieillard, qui lui dit : — Si je ne suis pas trop indiscret, monsieur l'abbé, puis-je vous inviter à m'accompagner à mon kiosque ? — Avec plaisir, répondit le prêtre. Et chemin faisant, en parlant de la pluie et du beau temps, on arriva au kiosque. On entra dans le jardin, on admira les fleurs, les ombrages, les bassins, les berceaux de verdure, les cascades, et on pénétra dans le pavillon. Le missionnaire, que les travaux de son ministère appelaient au village, prend congé du vieillard ; celui-ci, charmé de la simplicité, de l'esprit et des manières polies de l'abbé, lui fait promettre de se retrouver le lendemain à la même heure dans son pavillon.

Irma avait récité son premier chapelet, à l'heure prescrite, avec une ferveur extraordinaire. Le lendemain, le prêtre était fidèle au rendez-vous. Et Irma récitait son second chapelet avec la même ferveur. Arthur et l'abbé se promenèrent dans le labyrinthe, sous les berceaux de noisetiers et les larges avenues de platanes, et parlèrent longuement de la littérature contemporaine et des nouvelles politiques. Le prêtre, en se séparant du vieillard, pour aller s'enfermer dans le confessionnal, fut encore invité pour le lendemain. Le troisième jour, au moment où la pieuse jeune fille commençait son troisième chapelet, le missionnaire se dirigea vers le kiosque. Il y fut accueilli par Arthur, avec une amabilité charmante et des marques de déférence tout à fait exceptionnelles. On entra dans le pavillon, ensuite dans le cabinet de travail. Ce qui frappa les regards du missionnaire, ce fut un prie-Dieu surmonté d'un magnifique crucifix d'ivoire, près duquel était un tabouret. Le vieillard sourit. — Vous comprenez, monsieur l'abbé ! — Oui, mon ami, répond le prêtre, heureux de voir que Marie avait favorablement accueilli les prières d'une âme pure et innocente. — Monsieur l'abbé, dit Arthur d'une voix vibrante, j'ai longtemps combattu ; mais, après une lutte longue et terrible, je m'avoue vaincu. La grâce triomphe ; vous avez devant vous un vieux pécheur qui renonce à ses égarements, un impie qui reconnaît et abjure les erreurs d'une philosophie menteuse. Oui, la divinité de la religion catholique m'apparaît dans toute sa splendeur. Comme Augustin, j'ai cherché le bonheur dans les vaines jouissances de la terre, et, comme lui, je n'ai trouvé le repos que lorsque je les ai eu foulées aux pieds, et que les aspirations de mon cœur se sont dirigées vers le ciel.

Tout n'est que vanité et affliction d'esprit, dit avec raison l'auteur du livre de la Sagesse. Mon père, je me jette entre vos bras : aidez un pauvre naufragé à regagner le port ; ramenez dans le bercail sacré de l'Église catholique une brebis errante et vagabonde ; purifiez-moi de mes souillures. Le prêtre et le vieillard restèrent longtemps embrassés ; des larmes abondantes coulèrent de leurs yeux... Quelques jours après, quand fut clôturée la retraite, on voyait agenouillé à la Table-Sainte, à côté de sa fille rayonnante de bonheur, le vénérable vieillard, dont le maintien noble, pieux et modeste réjouissait une population éminemment chrétienne qu'avaient autrefois attristée ses écarts. Enfants, si vos parents oublient le chemin de l'église, s'ils se laissent entraîner par les séductions de l'erreur, il dépend de vous de les arracher à la fureur du dragon infernal, de sauver ces âmes pour lesquelles Jésus-Christ est mort sur la croix. La Providence a placé entre vos mains une arme puissante : c'est la prière. Adressez-vous à Marie, qu'on n'invoque jamais en vain, Marie, la Mère de miséricorde et le refuge des pécheurs. Elle touchera le cœur de vos parents bien-aimés et les amènera repentants aux pieds de son divin Fils.

LA CROIX D'ARGENT

Une pauvre enfant du nom de Jane, errait un soir d'hiver dans les rues de Londres par un froid glacial. Sans asile, sans pain, elle ne savait où porter ses pas, car son père et sa mère étaient morts, laissant l'infortunée dans la plus cruelle détresse. Tout à coup elle voit briller un morceau de métal entre deux pavés de la rue ; elle le ramasse : c'était un petit crucifix en argent. « Je vais aller le vendre, se dit Jane ; avec ce qu'on m'en donnera, j'achèterai un peu de pain. » Vite elle chercha une boutique d'orfèvre, et, au coin d'une rue, elle en vit une, petite et faiblement éclairée. Jane entra. Une femme était assise au comptoir, vêtue de deuil ; elle avait une figure d'une expression pure et pieuse ; elle leva sur la pauvre fille un bon regard, et lui dit d'une voix douce : « Que désirez-vous ? — Voulez-vous acheter ceci ? » répondit brusquement Jane, en tendant le crucifix. La femme le prit avec respect, et jetant un coup d'œil sur Jane, dont la figure malheureuse et sauvage ressortait sur ses vêtements délabrés, elle lui dit : « Ma fille, nous achetons les objets d'or et d'argent ; mais, dites-moi, savez-vous ce qu'est ceci ? — C'est de l'argent, je le sais bien ! — Ce n'est pas là ce que je vous demande : savez-vous quel est cet homme étendu sur la croix ? — Est-ce que je sais, moi ! — Quoi ! pauvre enfant, vous ignorez que cet homme est le Fils de Dieu, qu'il est mort sur la croix pour nous sauver ? — Personne ne m'a jamais parlé de cela. — Vous ne connaissez pas Jésus-Christ, notre bon Sauveur ? — De quoi nous a-t-il sauvés ? — De l'enfer, et il nous a ouvert le paradis.

 — Je n'en savais rien. » La marchande regarda plus attentivement la pauvre créature debout devant elle : elle embrassa d'un regard ce visage jeune et flétri, ces vêtements sordides, et, mal plus terrible, cette stupeur de l'âme peinte sur ses traits. Sa charité s'émut, ses entrailles de chrétienne et de mère tressaillirent. Elle dit à Jane : « Avez-vous des parents, une maison ? — Rien. Mon père est mort sous un buisson, loin d'ici ; ma mère est morte aussi. Comment suis-je venue à Londres ? je n'en sais rien. Comment ai-je vécu ? je n'en sais rien non plus ; ce que je sais, c'est que je voudrais bien être au fond de la Tamise, car alors je n'aurais plus ni froid ni faim. — Mon enfant, dit la marchande, et ce mot, prononcé avec une indicible bonté, fit monter les larmes aux yeux de la pauvre Jane, mon enfant, voulez-vous que je vous conduise dans une maison où vous n'aurez plus ni faim ni froid et où vous apprendrez à servir le bon Dieu ? — Ni faim ni froid ? répéta Jane ; ce sera donc le paradis ? — Non, mais le chemin qui y conduit. La marchande fit entrer dans sa boutique la pauvre fille, lui donna à souper, la revêtit d'une robe neuve ; bientôt Jane dormait dans un lit sous ce toit hospitalier où le Père céleste l'avait amenée. Quelque temps après, une des orphelines de la maison du Bon Pasteur, de Londres, recevait le baptême. Sa joie, sa ferveur attendrissaient l'assemblée ; cette heureuse néophyte était la pauvre Jane, qui avait pour marraine la bonne marchande, l'instrument des miséricordes du Seigneur.

UN COUP DE FILET DE LA SAINTE VIERGE

En se rendant à l'une de nos stations thermales, un officier supérieur causait avec un compagnon de voyage : — Si nous nous arrêtions à Lourdes ? lui dit ce dernier. — Pourquoi donc ? — Nous y trouverions le pèlerinage national. — Voilà cinquante ans que je n'ai pas mis les pieds dans une église !... — Qu'à cela ne tienne, tout se passe en plein air. — Alors, c'est différent. Ils s'arrêtèrent à Lourdes ; ils virent les ardentes prières des pèlerins. Elles étonnèrent d'abord, subjuguèrent ensuite cette âme droite et loyale : l'officier pria avec les autres, aussi longtemps que les autres. — Il fait chaud, lui dit son compagnon ; si nous buvions un verre d'eau de la grotte ? — Volontiers ; ce prêtre-là m'a rendu tout rêveur... Il rêva, il pria, il monta jusqu'à la crypte, il en redescendit priant et heureux. — Si vous voulez aller aux eaux, dit-il à son compagnon, allez-y ; moi, j'ai trouvé les miennes.

UNE CONVERSION EN MER

L e héros de cette histoire a rapporté lui-même dans la lettre suivante la grâce signalée dont il a été l'objet. « Après avoir failli périr avec mon navire, sur la barre de Bayonne pendant l'été dernier, je me rendais de Livourne à Dunkerque et Rouen, lorsque le 28 décembre, au matin, je fus obligé de mouiller devant Malaga, ne pouvant y entrer. Bientôt le temps devint affreux, et, dès huit heures du matin, toute la population massée sur les quais, malgré une pluie torrentielle, nous regardant chasser sur les ancres, nous faisait comprendre quel péril nous menaçait. Le pavillon fut mis en berne, mais en vain : ni remorqueur, ni pilotes, pas même la canonnière de l'État n'osaient se risquer à nous secourir ; Dieu seul pouvait nous sauver. Impossible de se jeter à la mer : nous aurions été brisés sur les rochers de la jetée en construction ou contre les récifs de la côte. Je pensai alors à ma mère, je me rappelai le projet de me faire catholique que j'avais eu autrefois. Me jetant à genoux devant le vieux christ en bronze dominant le compas de route, je priai avec foi le Dieu des chrétiens et Notre-Dame de Montenero, dont j'avais visité, le 8 septembre dernier, le pèlerinage célèbre, en Toscane. La journée se passa en craintes ; la mer augmentait de furie, et le fleuve, en face de nous, jetait devant le navire ses eaux jaunes débordées. Le consul de France, qui avait tenté l'impossible pour nous faire secourir, nous écrivit le soir au moyen d'une bouteille jetée dans les flots : il nous avouait tristement que les autorités de Malaga reconnaissaient l'impossibilité d'arriver jusqu'à nous, en face d'une situation si périlleuse, et qu'on attendrait que la nuit fût achevée pour prendre une décision.

Pour moi, cette décision c'était la mort et la perte de mon navire ! Je voulus mourir catholique romain ; je suppliai avec foi Notre-Dame de la Salette et je me sentis plein de courage. Mon équipage affolé menaçait de ne plus m'obéir ; il voulait filer les chaînes et jeter le navire à la côte. Plein de confiance dans le secours de Dieu et de la sainte Vierge, je résistai énergiquement à tous et la nuit arriva. Les ouvriers qui couvraient la côte et le quai nous dirent, dans leur âme, adieu pour toujours... Je fis reposer successivement mes hommes, et, pensant à la mort, je me tenais sur la dunette en priant Dieu. Cette nuit fut épouvantable ; l'orage augmentant sans cesse de violence, le navire se mit à talonner avec force, et à chaque instant il était menacé de s'entr'ouvrir et de se briser sur la jetée en construction. Les malheureux marins raidissaient à chaque instant les chaînes. Le jour arriva enfin, mais pour nous montrer l'horreur de notre situation. La foule garnissait les quais, assistant, émue et impuissante, à ce terrible drame. Je pris un vieux catéchisme, oublié à bord par un marin, je lus les Litanies de la sainte Vierge, et je promis alors solennellement d'abjurer aussitôt arrivé en France et de me faire baptiser. À huit heures, apparut devant Malaga un steamer ; malgré le découragement de tous les matelots de l'équipage et contre leur avis, je fis mettre le pavillon en berne et jeter à la mer une bonbonne renfermant une demande de secours ; je la plaçai sous la protection de la Vierge. La bouteille arriva à terre, puis le steamer disparut au large. Ce fut alors parmi l'équipage un cri d'immense douleur : toute espérance s'évanouissait...

Pour moi, j'espérais quand même, priant, sondant l'horizon avec une longue-vue. Je promis un ex-voto à Notre-Dame de la Salette et à trois autres pèlerinages. Toutefois, je me préparai à mourir catholique et j'en plaçai la déclaration écrite de ma main sur ma poitrine. Tout à coup, vers dix heures, je découvre une fumée noire dans le lointain : j'entends un coup de sifflet strident, et, au milieu des vagues énormes qui nous couvraient, le steamer qui apparaissait. Le navire sauveur, détachant sa grande chaloupe, nous envoie vingt-quatre hommes. Après des peines inouïes, plusieurs fois sur le point d'être engloutis, ces braves finissent par nous accoster. Il était temps ; nous allions attendre la mort dans la mâture élevée, car notre vaisseau était sur le point de s'entr'ouvrir. On sacrifia les ancres, les chaînes, etc., il fallait se hâter. Le brave capitaine Corno, malgré une mer épouvantable, manœuvra tellement bien avec son énorme steamer, qu'à midi il nous amenait dans le port. Nous étions sauvés, grâce à la sainte Vierge. Par une faveur providentielle, le navire et la cargaison n'avaient aucune avarie. Aussitôt à terre, je me rendis à la cathédrale pour remercier Dieu et Notre-Dame et renouveler ma promesse d'abjuration. En attendant que je puisse la réaliser, j'apprends ma religion dans un vieux catéchisme oublié à bord... »

LA MORT D'UN SEPTEMBRISEUR

Vers le milieu de l'année 1826, un homme du peuple, alors sexagénaire, tenait le petit hôtel de Dijon, au n° 211 de la rue Saint-Jacques, à Paris. Atteint depuis longtemps d'une maladie grave, il avait en vain appelé à son secours les plus célèbres médecins de la capitale : le mal n'avait fait qu'empirer avec les années ; enfin, de violents accès de colère, auxquels il se livrait presque tous les jours, l'avaient rendu incurable. Cependant, ne pouvant se résoudre à mourir, il tenta un dernier essai en faisant demander le docteur Descuret, qui jouissait d'une grande réputation. Celui-ci, voyant le malade à la veille de succomber, se contenta de lui prescrire quelques légers adoucissements usités en pareille circonstance : il ne comptait plus le revoir. Mais le lendemain, vers six heures du soir, on vint l'appeler encore ; cette fois ce n'était point pour le vieillard, mais pour sa femme, que le misérable avait presque tuée dans un de ses emportements. Après les premiers soins donnés à cette pauvre femme, le docteur se disposait à se retirer sans avoir adressé une seule parole à l'incorrigible mari. Celui-ci le remarqua, l'arrêta par l'habit et lui dit d'un air piteux : « Eh quoi ! monsieur le docteur, vous vous en allez sans daigner seulement me regarder ? — Pourquoi m'inquiéter d'un malade qui fait l'impossible pour rendre mes soins inutiles ? Au reste, ajouta-t-il d'un ton sévère, vous avez grossièrement injurié vos premiers médecins, dont l'un vous a abandonné parce que vous avez même osé lever la main sur lui. Ajoutez à ces ingratitudes la brutalité dont vous venez d'user envers votre femme, et jugez si je ne dois pas faire comme eux. — Vos reproches ne sont que trop justes, reprit le malade d'un accent pénétré ; oui, je suis bien coupable d'avoir maltraité ainsi ma femme ; mais aussi, monsieur, si vous saviez ce qu'elle exigeait de moi ! Ne voulait-elle pas que je fisse appeler un prêtre, moi qui les ai toujours eus en horreur !

— L'intention de votre femme n'avait rien que de louable : en vous proposant de mettre en paix votre conscience, elle vous donnait une nouvelle preuve de son affection, et si cela était entièrement opposé à vos idées, vous deviez vous borner à un simple refus et non la frapper. — Mais enfin, monsieur le docteur, vous qui avez fait des études, que feriez-vous si vous étiez à ma place et qu'on vous proposât pareille chose ? — Moi, je n'hésiterais pas à mettre en paix ma conscience, d'abord par conviction, en second lieu, parce que le calme de l'âme contribue puissamment à alléger nos souffrances et même à dissiper la maladie. — C'est bien singulier, qu'ayant fait des études, vous ayez cette manière de voir ! — Au contraire, mes convictions religieuses sont en grande partie le fruit de mes études. » Le vieillard était vaincu par ces paroles pleines de raison et de foi : une lumière soudaine avait frappé son esprit. Il venait de se réveiller en lui des idées, des sentiments, des remords qu'il avait étouffés peut-être depuis bien longtemps, car il avait vécu dans un temps de stupide délire où les jeunes hommes de son âge et les beaux esprits affichaient le plus insultant mépris pour toute pensée religieuse, en disant : « La religion !... c'est bon pour les enfants et les femmes. » Ce préjugé infernal venait de s'évanouir à la parole du docteur, et, après un instant de silence, le malade dit d'un accent qu'on ne lui avait jamais connu : « Eh bien ! qu'on fasse venir un prêtre ; aussi bien, depuis longtemps j'en ai lourd sur la conscience ! » Ici commence l'histoire touchante de sa conversion, de sa douleur, de sa reconnaissance, de sa joie, de sa confusion, de son amour, de son bonheur, de son salut ...

Ici, nous allons voir comment Dieu s'est servi d'une femme chrétienne, d'un médecin et d'un prêtre, pour faire d'un assassin un élu, un saint !... Heureuse de ce changement subit, la pauvre femme, elle qui avait tant parlé, prié et souffert pour cette âme rebelle, envoie à la hâte chercher un des vicaires de la paroisse Saint-Jacques. À peine le vieillard l'a-t-il aperçu qu'il lui dit d'une voix tremblante de honte et de remords : « Tenez, monsieur, enlevez-moi ce coutelas que j'avais mis sous mon oreiller. — Que vous êtes imprudent, mon ami ! mais vous couriez risque de vous blesser ! — Eh ! monsieur l'abbé, je m'en étais armé pour vous le plonger dans le cœur, si vous fussiez venu sans mon consentement... Oui, ajouta-t-il devant tous les assistants, en septembre 93, j'ai massacré dix-sept ecclésiastiques, et peu s'en est fallu que vous ne fussiez le dix-huitième ! Mais rassurez-vous : Dieu a eu pitié de moi ; un regard de sa grâce a suffi pour m'éclairer. » Le vicaire, stupéfait autant que touché, s'empare de l'énorme couteau : puis il s'enferme avec le pénitent pour laisser agir Dieu sur cette âme dans le mystère du sacrement de la réconciliation. Jamais, dans l'exercice de son saint ministère, il n'avait goûté des consolations comme celles qu'il trouva au chevet de ce malheureux qui avait été jadis le bourreau de dix-sept de ses confrères, et qui, à l'heure de la grâce, parlait et agissait comme le bon larron de la croix. Déjà le bon Samaritain, qui venait de guérir cette âme si profondément blessée par le crime, se retirait en annonçant à l'heureuse famille qu'il allait apporter au converti les derniers sacrements de l'Église, quand tout à coup le vieillard s'écria d'une voix étouffée par les sanglots : « Revenez, monsieur l'abbé, revenez bientôt auprès de moi ; j'ai bien besoin de vos consolations ; mais, je vous en conjure, n'approchez pas de mes lèvres le divin Rédempteur, dont tout à l'heure encore je blasphémais le nom ; je suis trop indigne d'un tel bonheur !

— Dieu est rempli de miséricorde, lui dit le vicaire profondément attendri ; on répare ses fautes quand on les pleure amèrement, et votre repentir me paraît trop sincère pour que j'hésite à vous administrer les sacrements que réclame immédiatement votre triste position. — Je les recevrai, monsieur l'abbé, puisque vous me l'ordonnez, reprit le malade, mais seulement après avoir fait amende honorable devant ceux que j'ai autrefois scandalisés par mes forfaits. » Tandis que le vicaire part pour chercher le saint viatique, le moribond fait appeler aussitôt ses voisins, témoins de sa vie criminelle, ses anciens camarades, les complices de ses fautes ; il leur demande, avec larmes, pardon des affreux exemples qu'il leur avait donnés, surtout à l'Abbaye et aux Carmes, lors du massacre des prêtres ; puis il fait de même envers sa femme, un des instruments de sa conversion. Le prêtre arrive portant l'auguste sacrement. Le vieillard, déjà glacé par la mort, se lève aussitôt, se met à genoux et reçoit ainsi les derniers sacrements avec une piété angélique : les traits de son visage baigné de larmes en étaient tout transfigurés. Après cette auguste action, il reste toujours à genoux, appuyé sur le chevet de son lit, tenant en main un crucifix, qu'il couvre de ses baisers et de ses larmes. Son confesseur, à plusieurs reprises, l'engagea à se coucher, vu sa grande faiblesse : c'était imposer à son cœur un pénible sacrifice, c'était lui ôter une trop douce consolation. Aussi l'exprima-t-il au prêtre : « Je sens, dit-il, qu'il ne me reste que peu d'instants à vivre ; je ne puis rien offrir à Dieu que mes prières et mes larmes ; laissez-moi du moins la consolation de mourir à genoux ; c'est faire bien peu pour expier tous mes crimes ! »

Et il resta ainsi en prière : son âme éclairée, renouvelée, sanctifiée, paraissait comme dans une sorte d'extase. Vers minuit, on entendit le moribond pousser un profond soupir ; il s'était endormi dans le Seigneur avec le calme d'un élu, toujours à genoux et les lèvres collées sur le crucifix qu'il n'avait cessé d'arroser de ses larmes ! ! ! « Seigneur, que vous êtes admirable dans vos œuvres ! qu'elles sont profondes vos voies, qu'elles sont immenses vos miséricordes ! » (L'abbé Hoffmann, Extraits.)

RENCONTRE PROVIDENTIELLE

Au commencement de ce siècle, un personnage assez marquant, M. de G***, était tombé dans l'impiété la plus affreuse. C'était une sorte de frénésie d'irréligion. Le blasphème sortait à chaque instant de sa bouche, et il semblait n'avoir à cœur que de couvrir d'ignominie la sainte Église et ses ministres. Un jour, M. de G*** entend raconter que dans une petite ville voisine de son château, on allait donner une mission. Sa malice sembla prendre un nouveau degré de perversité à cette nouvelle. Il se proposa de se rendre lui aussi à la mission, et de suivre les exercices, pour contrecarrer les missionnaires et pour empêcher, à force d'avanies, le fruit qu'ils devaient en attendre. On le vit donc arriver, suivi d'une escorte de vauriens, qui tous ensemble se rendirent à l'église paroissiale. Le chant des cantiques fut plus d'une fois interrompu par de grossiers lazzis et des rires indécents ; mais le silence s'établit, quand le Père supérieur des missionnaires parut dans la chaire. C'était un homme de quarante ans environ, au visage pâle et amaigri, aux traits expressifs, au regard inspiré, tel en un mot que l'Écriture nous dépeint les prophètes de l'ancienne loi. Il n'avait pas achevé l'exorde de son discours, que déjà M. de G*** l'avait reconnu. C'était un des compagnons de son enfance, un des rivaux de ses études et qui lui avait disputé souvent avec avantage les couronnes académiques. Comment lui, qui pouvait briller dans le monde et parvenir aux postes les plus importants, avait-il pu se décider à embrasser la carrière pauvre et pénible du ministère évangélique, c'est ce que la tête frivole de M. de G*** ne pouvait expliquer. Il l'écouta donc avec toute l'attention dont il était capable, et il trouva qu'il justifiait par son éloquence les hautes prévisions de ses professeurs ; mais ses pensées n'allèrent pas plus loin. Après le sermon, il renvoya ses amis et vint faire visite au missionnaire.

Dès qu'il se fut nommé, le bon père courut à lui, et l'embrassant tendrement : « Ô mon ami, lui dit-il, que je suis heureux de vous voir, et que je remercie Dieu de vous retrouver avec des sentiments si chrétiens ! sans doute vous avez toujours été fidèle aux préceptes de religion que nous avons reçus ensemble ? Et, en vous livrant avec tant d'empressement aux premiers exercices de la mission, vous voulez... » M. de G*** ne le laissa pas achever ; emporté par l'irascibilité de son caractère et par le sentiment d'impiété dont il s'était fait une longue habitude, il s'oublia, jusqu'à lever la main sur le prêtre du Seigneur : « Impertinent, s'écria-t-il avec l'accent de la rage, garde pour d'autres tes sots conseils et ton insidieux prosélytisme ! Je venais te féliciter de ton éloquence hypocrite et non pas réclamer tes avis. » Mais le missionnaire, impassible et tranquille, lui répondit avec cette douceur angélique que Dieu peut seul inspirer à l'homme : « Mon frère, peut-être, il y a vingt ans, quand j'étais encore dans le monde, et que la religion ne m'avait pas appris à dompter mes passions, peut-être un pareil outrage eût-il coûté la vie à l'un de nous, et jeté un damné de plus aux pieds de l'Éternel ; mais Dieu m'a fait depuis longtemps la grâce d'être chrétien ! Ma longue expérience dans la conduite des âmes me montre à quelle horrible extrémité est descendue la vôtre : ô mon frère ! je tremble pour vous ; qu'allez-vous devenir ? » Mais déjà M. de G*** était aux pieds du prêtre ; il baisait sa main en l'arrosant de ses larmes, et il s'écriait ; « Pardonnez-moi, mon père, car je ne sais ce que je fais ! » Et il se tordait dans d'effrayantes convulsions, jetant des phrases inarticulées, des exclamations sans suite, des accents de désespoir que l'oreille avait peine à saisir, mais que devinait le cœur du missionnaire.

« Où suis-je ?... Quelle soudaine clarté brille à mes yeux ?... Grâce, grâce !... » Et cet orage nouveau dans le cœur de l'impie, cette tempête de la conscience, frappait d'effroi le missionnaire lui-même, tout accoutumé qu'il était aux misères humaines. Tout à coup, reprenant la sublime autorité de son ministère : « Relevez-vous, mon fils, lui dit-il, relevez-vous, déjà le remords vous a fait chrétien ! » Et M. de G*** se relevait tremblant, ses genoux se dérobaient sous lui. Le prêtre l'emporta dans ses bras, et le plaçant devant un prie-Dieu : « Dans un instant, mon fils, toutes vos peines seront calmées. » Puis la confession commença. Trois heures entières ils restèrent enfermés ensemble ; l'on entendait du dehors de longs sanglots et d'étranges gémissements ; on n'aurait pu dire lequel versait de plus abondantes larmes, ou du prêtre ou du pénitent. Tous deux confondaient leurs soupirs, tous deux mêlaient l'expression de leur douleur, tous deux s'humiliaient devant la grandeur du Très-Haut et bénissaient ses miséricordes. M. de G*** était justifié devant Dieu. Il partit et ne voulut plus rentrer dans son château. Il se choisit en ville une modeste retraite ; et, malgré les railleries de ses anciens amis, il suivit avec une piété exemplaire toutes les prédications et les moindres exercices de la retraite. Tous les jours il voyait le saint prêtre, et se confirmait dans la grâce. Enfin, le jour de la communion générale, il eut le bonheur de s'approcher de la sainte table, au grand étonnement de toute la ville, dont il avait été si longtemps le scandale et l'effroi.

LE BON FILS CONSOLÉ

Un pieux jeune homme écrivait la lettre suivante, qui doit inspirer une bien grande confiance en saint Joseph, surtout lorsqu'il s'agit d'obtenir des grâces de conversion. « J'ai reçu cette année un grand nombre de faveurs par la puissante intercession du glorieux Époux de Marie. La première a été la conversion de mon excellent père. Il ne s'était pas confessé depuis plus de quarante ans. Il y avait une douzaine d'années qu'il n'était pas entré dans l'église paroissiale ; et, pour comble de difficultés, il était plein de préjugés contre notre sainte religion qu'il n'avait jamais bien connue. Pour ramener dans les bras de Dieu cette brebis égarée, il fallait un grand coup de lumière et de miséricorde. J'avais essayé de le convaincre par le raisonnement, j'avais prié et fait prier beaucoup pour lui : tout avait été inutile. Il y a quelques semaines, je me sentis pressé d'aller solliciter auprès de saint Joseph cette conquête si difficile. C'était la première fois que j'implorais du saint Patriarche une faveur particulière. J'allai donc me prosterner devant sa statue, et je lui promis que, s'il m'accordait ce que je lui demandais, j'aurais pendant toute ma vie une dévotion toute spéciale pour lui, et que je m'efforcerais de répandre son culte autant que je le pourrais. À peine ma prière terminée, je me sentis la plus grande confiance. Je fis alors une première neuvaine avec toute la ferveur dont j'étais capable. En même temps, j'écrivis à mon père pour tâcher de le décider à porter un Cordon de saint Joseph que j'envoyai avec ma lettre. Il eût été impossible de le lui faire accepter comme objet religieux ; mais, à ma demande, il consentit à le porter comme un petit souvenir de moi.

Ma première neuvaine achevée, j'en commençai une nouvelle, et incontinent je pus me rendre ce doux témoignage que mon espérance n'avait pas été vaine. Béni soit à jamais le très bon et très puissant saint Joseph !... La grâce était accordée. Dès le commencement de cette seconde neuvaine, je reçus de mon père une touchante lettre, où il m'exprimait, en des termes brûlant, la joie et la paix qui inondaient son âme. Une lumière nouvelle venait de briller dans son cœur et dans son intelligence. Le respect humain, les objections et les préjugés contre la religion étaient tombés d'eux-mêmes, et une petite occasion ménagée par saint Joseph s'étant présentée, mon père était allé se confesser, comme poussé par une main invisible. Le lendemain, avec des sentiments ineffables de bonheur et de tendresse, il recevait dans son cœur le Dieu, si plein de miséricorde, qui venait réjouir sa vieillesse, comme il avait autrefois réjoui sa jeunesse. La conversion a été parfaite ; saint Joseph ne fait pas les choses à demi. Depuis ce jour de bénédiction, mon père prit part à tous les exercices de piété de la paroisse. Tous ceux qui le connaissaient furent profondément édifiés de cet heureux changement, et déclarèrent qu'il avait fallu une main puissante pour opérer cette merveille. Et cette main puissante, c'est la vôtre, ô grand et très-puissant saint Joseph ! Je vous remercierai pendant toute ma vie de cette grâce signalée... » Après cela, pourrait-on recommander avec trop d'instances aux jeunes gens la dévotion envers saint Joseph ? Puissent-ils recourir à lui dans tous leurs besoins spirituels et ceux de leurs proches ! S'ils prient avec ferveur et persévérance, ils ressentiront infailliblement les effets de sa paternelle protection.

COMMENT ON RETROUVE LE BONHEUR

Passant un jour sur la place des Capucins, à Lyon, une zélatrice du rosaire y vit une petite fille âgée de six à sept ans, qui, après avoir brisé la glace d'une fontaine, plongeait quelque chose dans l'eau. La dame s'approcha et dit : — » Que fais-tu là, mon enfant ? — Je lave ma robe. — Quel est ton nom ? — Marie. — Où est ta mère ? — À Loyasse (cimetière de Lyon). — Et ton père ? — Il est malade et triste là-bas... — Eh bien ! conduis-moi à ta maison. ». L'orpheline regarda l'inconnue avec une sorte de crainte, puis, rassurée sans doute par l'affectueux sourire qui répondait à son regard, elle mit sa petite main glacée dans celle que lui tendait sa nouvelle amie, et se dirigea vers une de ces affreuses demeures, ordinairement habitées par le vice ou par le malheur. Arrivée au dernier étage, l'enfant ouvre une porte et dit : — Papa, voilà une dame qui veut vous voir. — Me voir !... moi !... une dame !... allons donc !... C'est, sans doute pour jouir du spectacle de ma misère ! Je suis chez moi ; et, bien que je sois pauvre, malheureux, je ne souffrirai pas que les riches viennent insulter à ma misère ! Donc, vous pouvez vous en aller, » s'écria-t-il en désignant du doigt la porte restée entr'ouverte. — Je venais vous offrir des secours, » murmura timidement la visiteuse, un peu effrayée. — Je n'ai besoin de rien, que de rester tranquille chez moi, sans qu'on vienne se moquer de ma pauvreté, reprend l'homme ; et il lance par la porte de la mansarde une pièce de monnaie qui vient d'être déposée sur la table. Il n'y avait rien à faire... La charitable zélatrice embrassa la petite fille et lui dit tout bas : « Viens me trouver quand tu auras besoin de quelque chose. » Puis elle sortit.

Plusieurs semaines s'écoulèrent sans que la douce Marie reparût, bien qu'on allât souvent, pour l'y rencontrer, à l'endroit où on l'avait trouvée. Mme L, l'aperçut enfin, un jour, amaigrie et toute en larmes ; son père, qui manquait d'ouvrage et par conséquent de pain, l'envoyait mendier dans la rue. Elle l'emmena chez elle et lui fit raconter son histoire, histoire bien simple et bien touchante, imprimée dans son jeune cœur. « Maman était très bonne ; soir et matin, elle me faisait dire Notre Père et Je vous salue, Marie... Mon père était bon, lui aussi, alors ; mais depuis qu'ils ont emporté maman à Loyasse, il est devenu triste, s'est mis à lire de grandes feuilles et ne parle plus de Dieu ou des riches qu'en se fâchant bien fort. » Ce récit fut un trait de lumière pour Mme L. Elle fit promettre à la chère petite de dire, tous les jours, une fois, « Notre Père, » et dix fois, « Je vous salue, Marie... » pour obtenir que son père devînt très heureux, et la renvoya munie d'abondantes provisions. Un mois après, l'enfant revint chez sa bienfaitrice, mais, cette fois, avec un visage tout joyeux : « Madame, dit-elle, papa voudrait bien vous voir ; seulement il n'ose pas venir... » La difficulté fut vite tranchée ; Mme L... accourut à la mansarde, et y trouva l'ouvrier. Si l'aspect du pauvre réduit était le même, on lisait sur le visage du malheureux père l'expression humble et douce du changement opéré dans son âme. « Madame, dit-il avec respect, je ne sais comment cela est arrivé, mais je ne peux plus me reconnaître...

En entendant la petite réciter tant de fois son Notre Père et son Je vous salue, je me suis d'abord impatienté, parce qu'elle le répétait trop... Puis j'ai fini par le dire machinalement avec elle, en me rappelant que ma pauvre femme le disait aussi... Alors, j'ai pleuré, j'ai senti le regret de ma mauvaise vie, et je me suis reproché mon insolence envers la dame qui a été si bonne pour nous... C'est pourquoi je voulais la voir, pour lui demander pardon. » Ce pardon fut accordé sans peine, et Dieu, après avoir purifié, soulagé la misère de l'âme et du corps, par l'entremise de sa généreuse servante, sauva aussi par elle le père et l'enfant.

LE SOUVENIR DE LA PREMIÈRE

COMMUNION

Nous devons à un homme du monde le récit suivant, qui contient plus d'une instruction utile et fournit un nouvel exemple des ineffables tendresses de la miséricorde divine. J'étais à Paris en 1841, et je faisais partie d'une Conférence de Saint-Vincent-de-Paul. Quelques-uns des jeunes gens qui la composaient avaient la pieuse habitude de visiter une ou deux fois par semaine les pauvres malades des hôpitaux du quartier. L'hôpital Necker, dans la rue de Sèvres, m'était échu en partage. Je commençais toujours mes visites par la chapelle, et j'allais demander au Seigneur de bénir l'œuvre que, pour l'amour de lui, je venais accomplir, d'accompagner de sa bénédiction les paroles, les conseils que j'allais donner à mes malades ; et quand j'avais fini ma tournée dans les salles, je venais encore en déposer le succès aux pieds de ce bon Maître. Je fus obligé de quitter Paris au printemps, et je me rappellerai toujours le trait touchant dont j'ai été le témoin à ma dernière visite aux malades de Necker. La salle que je devais visiter ce jour-là était confiée aux soins d'une Sœur de Charité vieillie dans cet admirable métier, et non moins infatigable pour soulager les souffrances de ses malades que zélée pour le salut de leurs âmes. En arrivant, j'allai, selon mon habitude, prendre les ordres de cette bonne Sœur. Elle me recommanda spécialement six ou sept malades : l'un, Étienne, nouvel arrivé, et encore inconnu d'elle ; l'autre, comme moribond, ayant besoin d'être fortifié et consolé ; un autre comme ébranlé déjà, et prêt à se convertir, etc. « Et puis, ajoute-t-elle, allez donc au n° 39 ; c'est un homme de trente-deux ou trente-trois ans, poitrinaire au dernier degré, qui sera mort dans trois jours.

J'ai eu beau faire, je n'ai pu rien en tirer ; il m'a envoyée promener trois ou quatre fois, et n'a jusqu'ici reçu M. l'aumônier qu'avec des paroles grossières. Un de vos confrères de Saint-Vincent-de-Paul, qui l'a déjà visité plusieurs fois, n'a pas mieux réussi que nous. Il est probable qu'il vous enverra promener aussi ; mais enfin il ne faut rien épargner. Il s'agit ici de la gloire de Dieu et d'une pauvre âme à sauver. — » Eh ! mon Dieu, ma bonne Sœur, répondis-je, s'il m'envoie promener, j'irai me promener, voilà tout ; cela ne me fera pas grand mal. Dites seulement pour ce pauvre homme un Ave Maria pendant que j'irai lui parler. » Je fis ma visite ; et de lit en lit j'arrivai à mon n° 39. Je fus tout saisi en le voyant. La mort était peinte sur son visage. Trois ou quatre coussins le soutenaient assis sur son lit ; sa face était hâve et d'un blanc jaunâtre, et son affreuse maigreur donnait à ses yeux noirs une apparence étrange... Je m'approchai de son lit. Il me regarda fixement sans rien dire. Je lui demandai de ses nouvelles : « La sœur m'a appris, mon pauvre ami, que vous souffriez beaucoup, et qu'il y avait bien longtemps déjà que vous étiez malade. » Pas de réponse ;

seulement le regard de mon homme devenait de plus en plus dur, et il semblait me dire : « Je n'ai que faire de vos condoléances ; donnez-moi la paix. » Je fis semblant de ne pas m'en apercevoir : « Souffrez-vous beaucoup en ce moment, et pourrais-je vous soulager en quelque manière ? » Pas un mot. « Que voulez-vous, mon pauvre enfant ! il faut faire de nécessité vertu, et offrir vos souffrances au bon Dieu en expiation de vos fautes ; comme cela du moins elles vous seront utiles. »

Toujours même silence et même accueil. La position commençait à devenir embarrassante. L'œil du malade était de plus en plus menaçant, et je voyais le moment où il allait me dire quelque injure... La Providence de Dieu m'envoya tout à coup une inspiration. Je me rapprochai vivement du malheureux, et je lui dis à demi-voix : « Avez-vous fait une bonne première communion ? » Cette parole produisit sur lui l'effet d'une commotion électrique. Il fit un léger mouvement ; sa figure changea d'expression, et il murmura plutôt qu'il ne dit : « Oui, Monsieur. » — Eh bien ! repris-je, mon ami, n'étiez-vous pas heureux dans ce temps-là ? — Oui, Monsieur, me répondit-il d'une voix émue ; et au même instant je vis deux grosses larmes couler sur ses joues. Je lui pris les mains. — Et pourquoi étiez-vous heureux alors, sinon parce que vous étiez pur, chaste, aimant et craignant Dieu, en un mot, bon chrétien ? Mais ce bonheur peut revenir encore, et le bon Dieu n'a pas changé ! Il continuait à pleurer : N'est-ce pas, ajoutai-je, que vous voulez bien vous confesser ? — Oui, Monsieur, dit-il alors avec force ; et il s'avança vers moi pour m'embrasser. Je le fis de grand cœur, comme vous pouvez penser, et je lui donnai quelques petits conseils pour faciliter l'exécution de son bon dessein. Je le quittai ensuite, et j'annonçai à la Sœur le succès inespéré de ma visite. Je ne sais ce qui s'ensuivit ; mais ce qui m'est resté profondément gravé dans l'esprit ou plutôt dans le cœur, c'est la force merveilleuse de la miséricorde de Dieu, qui changea en un instant, et à l'aide d'une seule parole, ce cœur si endurci !

Le seul souvenir de sa première communion suffit pour convertir et probablement pour sauver ce pauvre malade, heureux de l'avoir bien faite ; car s'il eût accompli, comme plusieurs, hélas ! avec négligence, ce grand acte de la vie chrétienne, le souvenir que je lui en rappelai n'eût fait sans doute sur son cœur qu'une impression insignifiante !... Ainsi le bien produit le bien, et avec Dieu rien ne demeure perdu.

L'ORPHELINE ET LE VÉTÉRAN

Une pauvre orpheline avait été recueillie par un vieux soldat qu'elle nommait son père. D'une piété simple, mais sérieuse, elle s'était attiré une telle estime, qu'il y avait autour d'elle comme une auréole de vénération. Le vieux soldat lui-même s'était laissé prendre à son influence. Il appelait sa petite orpheline, sa petite sainte. Jamais il ne fumait devant elle, il jurait encore moins. La pieuse enfant était arrivée à faire prier son père adoptif, ce qu'il n'avait pas fait depuis longtemps. Un jour qu'il passait devant l'église du village, je ne sais quelle inspiration secrète le pousse à y entrer. Il va s'agenouiller dans un coin et commence son signe de croix. Mais tout à coup il s'arrête, ses yeux ont rencontré une enfant qui, recueillie au pied de l'autel, les mains jointes, paraît comme dans une extase. Il regarde, il reconnaît sa fille. La pensée lui vient aussitôt qu'elle demande à Dieu sa conversion ; elle lui a dit tant de fois que c'était là l'unique objet de toutes ses prières. Une larme monte de son cœur à ses yeux et coule le long de ses joues sur sa vieille figure cicatrisée. Cette larme est efficace et décide de son retour à Dieu. Quelque temps après, aux Pâques, le vieux militaire pleinement converti, bien heureux, communiait à côté de sa petite fille. Et, comme, au sortir de l'église, quelques-uns de ses vieux camarades le regardaient étonnés : « Vous ne vous attendiez pas à cela, leur dit-il, mais que voulez-vous ? Je ne puis résister à la petite sainte, elle convertirait le démon lui-même, si le démon pouvait être converti. » Voilà l'influence de la vraie piété. Puisse-t-elle devenir le partage de tous ceux qui liront ce petit livre ! En même temps qu'elle assurera leur propre salut, elle les aidera merveilleusement à travailler au salut des autres !

www.ingramcontent.com/pod-product-compliance
Lightning Source LLC
Chambersburg PA
CBHW071421090426
42737CB00011B/1526